PFINGSTROSEN

blv garten *plus*

Gerda Tornieporth

PFINGSTROSEN

Die schönsten Stauden- und Strauchpäonien
Pflanzen • Pflegen • Vermehren

blv

Inhalt

Interessantes rund um die Pfingstrose

Ist es ungewöhnlich, sich in Pflanzen zu verlieben? Offenbar nicht. Wegen einer Strauchpfingstrose reisten Gärtner um die halbe Welt, und um eine kleine wilde Staudenpfingstrose zu erlangen, stiegen Pflanzenenthusiasten in die chinesischen Ausläufer des Himalaya und in die Bergketten des Kaukasus.

Kann man zu Pflanzenindividuen auch Beziehungen aufbauen? Ich finde, ja. Pflanzen, die so alt werden können wie Menschen, wachsen ans Herz, wenn wir sie Jahr für Jahr pflegen und beobachten.

Solche Pflanzenindividuen sind die Pfingstrosensträucher und -stauden. Im zeitigen Frühjahr, wenn ihre fleischfarbenen Triebe aus der Erde spitzen, begrüßen wir sie freudig. Es ist eine kleine Auferstehung, die uns das schöne Gefühl von Dauerhaftigkeit schenkt. Wir wissen schon aus den vergangenen Jahren, wie die Pfingstrose bald ihre rosigen, embryonal eingefalteten Blätter hervorschieben wird, wie ihre Blattsegmente allmählich grün werden und Gestalt annehmen. Wird sie uns viele pralle Knospen schenken? Wurde sie gut genug gedüngt? Haben wir im letzten Herbst das Laub nicht zu früh abgeschnitten?

◄ Strauchpäonien im Sommerpalast am Stadtrand von Beijing.

Aber das sind nur angenehme Betrachtungen; selbst wenn wir nicht alles richtig gemacht haben, wird die Pflanze sich nicht beschweren. Wenn sie heuer nicht so großartig blüht, dann eben nächstes Jahr! Man kennt ja ihre Eigenheiten. Vielleicht wird sie beim ersten schweren Regenguss zu unserem Leidwesen wieder umfallen, beim ersten Sturm zerzaust sein? Vielleicht wird sie wieder so schnell verblühen wie in den vorjährigen heißen Maitagen? Alle diese Bedenken sind vergessen, wenn die Blüten sich öffnen. Jetzt möchte man Hummel sein oder Biene, um die Päonie richtig zu genießen. Man möchte in den hunderten seidiger Blütenblätter herumkrabbeln, in den Duftwolken baden.

Oh, diese kurze Zeit der betörenden Pfingstrosenblüte! Sie ist die Zeit der schönsten Frühlingstage und ersten Sommertage vor der Sonnenwende. Ein ganzes Jahr wartet man auf die Päonienpracht. Als unter den

Freude auf die Päoniensaison wecken die tiefroten Triebe der Pfingstrose.

Rosen noch keine dauerblühenden Sorten existierten, war es mit ihnen ebenso: Ein Jahr lang wartete der Rosengärtner auf die kurze Zeit der Blüte, die Rosenzeit. Es gibt sie nicht mehr, die Rosenzeit, denn die Rosen blühen auch noch im September. Nun sind es noch die **Pfingstrosen,** die uns als eine der letzten, allerletzten Gartenblumen das Glück einer Jahreszeit schenken. Ihre Zeit sind noch unverwechselbar Mai und Juni. Hoffentlich kommt kein Staudengärtner oder Botaniker auf den Gedanken, dauerblühende Päonien zu züchten. Sie sollen so einzigartig bleiben, wie alles das ist, was wir nur kurze Zeit genießen können.

Biene oder Hummel möchte man sein, um in den Blütenblättern der Pfingstrose zu baden.

Botanische Merkmale

Früher ordnete man die Pfingst-rosen der Familie der Ranun-culaceae zu, den Hahnenfuß-gewächsen. Heute gelten Pfingstrosengewächse botanisch als eine eigene Pflanzenfamilie, die Paeoniaceae; mit der einzi-gen Gattung *Paeonia,* die etwa dreißig Arten umfasst. Man unterscheidet zwei Gruppen, nämlich die kleinere Gruppe der **strauchigen Pfingstrosen,** die verholzen und im Winter das Laub abwerfen, und die größere Gruppe der **staudigen Pfingst-rosen,** deren oberirdische Triebe im Winter »einziehen« und im Frühjahr neu austreiben.

Woher stammt die Pfingstrose?
Die Heimat der Pfingstrosen bzw. Päonien ist die Bergwelt. Ihre Arten haben gelernt, sich an schwierige Lebensbedin-gungen anzupassen.
Alle Strauchpäonienarten stam-men aus China; die krautigen Arten sind dagegen nicht nur in Asien, sondern auch in Europa, Nordafrika und Amerika beheima-tet. Und alle Pfingstrosengewäch-se (Paeoniaceae) sind auf der nördlichen Erdhälfte zu Hause.

Pfingstrose oder Päonie?

Der deutsche Name Pfingstrose bezeichnete ursprünglich nur die europäischen wilden Pfingst-rosen und deren Kulturformen (siehe Seite 27 f.). Die züchte-risch veredelten Sorten wurden demgegenüber als chinesische Pfingstrosen oder *Paeonia sinensis* gehandelt. Inzwi-schen hat sich im deutschen Sprachraum der Begriff »Pfingst-rosen« auf alle Päonien ausge-dehnt und wird sogar für die Strauchpäonien verwendet. Man kann sich also guten Gewissens beider Synonyme bedienen.
Ich verwende in diesem Buch jedoch überwiegend den Begriff »Päonien«.
Über die Herkunft dieses alten abendländischen Namens der

Pfingstrose werden viele Ge-schichten erzählt. Jedenfalls er-innert der Name Päonie an ein längst untergegangenes Volk, die Paeonier, die vor den Grie-chen in einer Landschaft Make-doniens lebten. Dort, in Paeo-nia, waren mehrere Wildarten der Staudenpäonie heimisch.

Die Pfingstrosen als Heilpflanze

Die Griechen weihten die Blume der Paeonier ihrem Halbgott Paeon, dem Arzt der olympi-

Abbildung der roten Bauernpfingstrose aus dem 17. Jahrhundert, als die 'Rubra Plena' noch »Gichtrose« genannt wurde.

schen Götter. Seit dem Altertum diente nämlich die Päonienwurzel **medizinischen Zwecken.** Man heilte mit der Päonienwurzel die Gicht, weswegen die Päonie in alten Pflanzenbüchern auch »Gichtrose« genannt wird. Herz- und magenstärkende, blutstillende und harntreibende Wirkungen wurden der Pflanzenwurzel zugeschrieben und werden zum Teil noch heute in der homöopathischen und in der Traditionellen Chinesischen Heilkunst genutzt. Wegen ihrer Heilkraft und Schönheit gehört die Päonie zu den ältesten kultivierten Pflanzen.

Blütenformen der Päonien

Die Päonienblüte der wilden Arten besteht – wie andere Blumen auch – aus vier Komponenten: aus den grünen **Kelchblättern,** den farbigen **Blütenblättern,** den **Staubgefäßen** und dem **Fruchtknoten.** Der einfache oder mehrfache Kranz von Blütenblättern lockt Insekten an und präsentiert ihnen unverhüllt die Staubgefäße mit den Pollen und den Fruchtknoten mit seinen Narben, denn der einzige natürliche Zweck der Blüte ist bekanntlich die Bestäubung der Narben und die darauf folgende Samenbildung.

Blütenformen der Pfingstrose: einfach mit offenen Staubgefäßen (oben), gefüllt mit Blütenblättern (Mitte) und die japanische Form, gefüllt mit Blütenbändern (unten).

Veränderungen durch Züchtungsarbeit

Durch Kultur, Züchtung und Auslese, die jahrhundertelang bereits im alten China stattfand, wurden die Staubgefäße der Päonienblüte in Blütenblätter der unterschiedlichsten Größe und Form umgewandelt. So finden wir heute **drei Grundtypen** der Staudenpäonienblüte vor:

• Die **einfache Blüte** mit einem Kranz von Blütenblättern und unverhüllten funktionsfähigen Staubgefäßen

• Die **gefüllte oder halb gefüllte Päonie,** bei der die Staubgefäße teilweise oder ganz in Blütenblätter verwandelt sind

• Die **japanische Blütenform,** bei der anstelle der Staubgefäße kurze Blütenbänder das Blütenzentrum füllen, welche die Botaniker Petaloiden nennen; Päoniensorten von diesem Typ werden manchmal auch Imperial-Päonien oder anemonenblütige Päonien genannt. Zwischen diesen drei Blütenformen gibt es reichlich **Übergangsformen,** sodass eine große Vielfalt bei jedem der drei Grundtypen existiert. Zum Beispiel kann der Kranz von Blütenblättern bei den einfachen Blüten einfach, doppelt oder mehrfach sein. Bei den gefüllten Blüten ist manchmal nur ein Teil

Die japanische Päonie 'Ginko Nishiki' mit margeritenförmiger Blüte.

der Staubgefäße verwandelt, manchmal sucht man dagegen vergeblich nach einzelnen noch verbliebenen Staubgefäßen und kann verstehen, dass solche hochgezüchteten Sorten (fast) keine Pollen mehr bilden. Eine große Vielfalt gibt es erst recht bei den Blüten japanischen Typs. Die »Füllung« aus Blütenbändern, Blütenfäden oder

Viele Päonien duften, aber es gibt auch Schönheiten, die nur für das Auge da sind. Die Farbpalette der 3 000 Zuchtsorten der Staudenpäonie und rund tausend Sorten der Strauchpäonie reicht von Weiß über Creme, Gelb, Pfirsich bis Lachs und umfasst alle Rottöne vom zartesten Rosa bis fast Schwarz.

Blütenstrahlen kann farblich mit den äußeren Blütenblättern übereinstimmen oder kontrastieren oder Ton in Ton harmonieren – hier gibt es unglaubliche Überraschungen, und das ist wohl der Grund, warum diese Blütenform in Japan so sehr beliebt ist.

Von klein bis riesig: die Blütengrößen und -formen

Wer auch nur ein paar Päoniensorten kennt, weiß schon, dass sich diese auch nach der Größe der Blüte unterscheiden, sie reicht von 5 cm Blütendurchmesser bei der botanischen *P. tenuifolia* bis 20 cm bei 'Sarah Bernhardt' und noch größeren Blüten.

Auch in der Form fallen große Unterschiede auf; man findet kronenförmige, ballförmige, halbkugelige und flache Blüten mit und ohne »Blütenteller«. Es gibt rosen- und nelkenförmige Blüten. Die japanische Staudenpäonie 'Ginko Nishiki' würde ich sogar als margeritenförmig bezeichnen.

Mit Ausnahme der japanischen Blütenform zeigen die Blüten der **Strauchpäonien** alle Blütenformen der Staudenpäonie. Ein Blütendurchschnitt von 25 cm ist jedoch bei dieser Päonienart keine Seltenheit.

Die Wuchsformen der Pfingstrosen

Mit der Beschreibung der Blüte allein ist noch nicht viel über die Schönheit und Brauchbarkeit einer Pflanze für den Garten ausgesagt. Ebenso wichtig wie die Päonienblüte sind für den Liebhabergärtner Wuchsform und Belaubung, denn diese sind das ganze Jahr über zu sehen. Entscheidend für das Pflanzenverständnis und die erfolgreiche Pflege ist schließlich die Kenntnis der unterirdischen Teile der Pflanze.

Die Staudenpäonie

Botanische Familienmerkmale der Päonien sind die knollig verdickten **Wurzeln** und tief eingeschnittene (gefiederte bzw. segmentierte) Stängelblätter.

Kennzeichnend für die Pfingstrosen sind ihre rübenartig verdickten Wurzeln.

Die Wurzeln werden bei manchen Arten so dick wie Rüben und sind zum Teil essbar.

Die **Stängelblätter** sind zwei- bis dreifach eingeschnitten und je nach Art in nadelfeine bis großlappige Segmente geteilt. Meistens ist die Oberseite leuchtend grün, die Unterseite dagegen grau schattiert und manchmal flaumig behaart.

Die **wilden Staudenpäonien** haben einfache schalen- oder kelchförmige Blüten aus fünf bis acht Kronenblättern. In der Blütenmitte sind mehrere Fruchtblätter zum Fruchtknoten verwachsen. Aus ihm stehen einer oder mehrere dicke Griffel mit Narben zur Aufnahme der Pollen hervor. Die Narben sind oft auffallend gefärbt und sehen aus wie ein kleiner Hahnenkamm. Zahlreiche Staubgefäße umstehen den Fruchtknoten. Sie bestehen aus den Staubblättern (Antheren), die auf den Staubfäden (Filamenten) stehen.

Die Staudenpäonie treibt zeitig im Frühjahr aus den Grundknospen aus und wächst bis zur Blüte – je nach Art und Sorte – zu einer 40–110 cm hohen Staude heran.

Die **Blütezeit** umfasst in Mitteleuropa die Monate April, Mai und Juni. Die meisten Arten tragen nur eine Blüte am Stiel; einige Arten aber, darunter die für die Päonienzucht bedeutsamste *P. lactiflora,* tragen zwei bis drei Blüten pro Stiel.

Nach der Bestäubung setzt die Pflanze so genannte **Balgfrüchte** an. Die Samen wachsen in filzig behaarten Fruchtblättern, die schotenähnlich vom Blütenstängel abstehen. Ende September färben sich die Blätter und sterben vollständig ab. Pfingstrosen bevorzugen ein raues **Klima.** Im Gegensatz zu den Strauchpäonien können die staudigen Päonien auf frostige Winter nicht verzichten.

Aus den wenigen Arten der Staudenpäonien wurden mehrere tausend **Sorten** gezüchtet. Viele der alten Sorten konnten deshalb erhalten werden, weil die Päonien ein hohes Alter von fünfzig Jahren und mehr erreichen. Botanisch unterscheidet man die Sorten danach, ob sie jeweils von nur einer Art abstammen, zum Beispiel Lactiflora-Sorten, oder ob sie aus der Kreuzung zwischen zwei oder mehreren Arten entstanden sind, dann werden die Sorten als **Hybriden** bezeichnet.

Die Strauchpäonie

Die botanische Familienähnlichkeit der Strauchpäonie mit der

Die gefiederten Blätter der Staudenpfingstrose stehen an spitzwinklig nach oben strebenden Blattstielen.

Staudenpäonie ist unverkennbar. Wer zum ersten Mal ein blühendes Exemplar dieser aristokratischen Pflanze sieht, ist nicht nur hingerissen, sondern auch perplex. Blüte und Blattwerk ähneln durchaus der den meisten Menschen bekannten Pfingstrose, doch jeder sieht: Eine Staudenpfingstrose kann das nicht sein. Ältere Exemplare guter Sorten von zwanzig Jahren und mehr bilden mannshohe Sträucher, die trichterförmig in die Höhe oder ausladend in die Breite wachsen mit fünfzig bis hundert riesigen Blüten. Je nach Sorte werden die Sträucher 50 bis 250 cm hoch. Durch die Blütengröße besonders ausgeprägt ist das Innenleben der geöffneten Blütenschalen. In ihrer Mitte thront – meist farblich kontrastierend zu den Blütenblättern – der **Fruchtknoten** in Rot, Kastanienbraun, Rosa, Weiß oder Gelb, gekrönt von den kirschroten oder gelben Griffeln. Diese weiblichen Teile der zwittrigen Päonie nennen japanische Züchter die »Mädchen«. Rund um den Fruchtknoten steht der goldene Ring der Staubbeutel, die »Jungen«, auf ihren weißen, zartgelben oder roten Staubfäden.

Eine Strauchpäonienblüte im Verblühen: Die Staubgefäße sind abgefallen, die Fruchtblätter lösen sich aus dem Fruchtknoten.

Wie die Staudenpäonie, so hat auch die Strauchpäonie **Blätter,** die in mehrere Segmente aufgeteilt (gefiedert) sind. Diese zusammengesetzten Blattkunstwerke stehen nach vollendetem Austrieb an ihren Blattstielen fast waagerecht von den Trieben ab und geben auf diese Weise dem Strauch ein schwebendgraziöses Aussehen.

Noch charakteristischer als das Laub ist für die Strauchpäonie das **Astgerüst,** das im Winter sichtbar wird. Der laubabwerfende Strauch hat – je nach Sorte und Pflanzungsmethode – nur ein bis zwei oder mehrere Basistriebe, die sich nur wenig verzweigen. Das Wachstum besteht hauptsächlich darin, dass sich die Triebe durch den Frühjahrsaustrieb jeweils etwas verlängern und später verholzen. Im Vergleich zu anderen Sträuchern wachsen Strauchpäonien sehr langsam, dafür erreichen sie aber ein hohes Alter. Bekannt sind Exemplare von 200 und mehr Jahren.

Der **Wachstumsrhythmus** der Strauchpäonie *P. suffruticosa* ist recht eigenartig. Sie blüht vor den staudigen Päonien schon ab Anfang Mai und eröffnet den Päonienreigen mit großem Pomp. Die Aprilwochen gelten dem Schwellen ihrer Blüten-

Aus dem holzigen Astwerk der Strauchpäonie sprießen die krautigen neuen Triebe; die gefiederten Blätter stehen an den Stielen fast waagerecht von den Zweigen ab.

knospen, die schließlich die Größe eines Golfballs erreichen. Bis die letzte Knospe an einem Strauch aufgeblüht und verblüht ist, vergehen 14 Tage eines unvergesslichen Schauspiels. Gegen Ende Mai lösen sich fünf bis sieben Fruchtblätter aus dem Fruchtknoten und umstehen sternförmig den Blütenstiel. Es sind bis zu 7 cm lange, schotenähnliche, filzige grüne **Balgfrüchte,** in denen im Laufe des Sommers die Samen reifen. Ende Juli, Anfang August platzen die **Fruchtblätter** auf und es zeigen sich die zunächst braunen, später schwarzbraunen Samen (S. 81). Sie kleben anfangs noch an den Fruchtblättern und so ist es möglich, sie einzusammeln, bevor sie herunterfallen. Im Juni und Juli, während die Samen reifen, bilden sich in den Blattachseln der Vorjahrestriebe die Blüten und Triebknospen für das nächste Jahr. Gleichzeitig wachsen die Wurzeln. Diese Zeit ist also entscheidend für das weitere Gedeihen der Pflanze.

Mit Abschluss der Samenreife beginnt die einzige **Ruhephase** der Strauchpäonien. Von Mitte August an bis Ende Oktober ist sie oberirdisch und im Wurzelbereich völlig inaktiv und hat kaum Wasserbedarf. Daher kann sie jetzt aufgenommen und geteilt und/oder verpflanzt und wurzelnackt über große Distanzen verschickt werden. Aber spätestens ab November sollten die Wurzeln wieder Erdkontakt haben, denn nun beginnen sie wieder zu wachsen und regen sich, solange die Bodentemperatur nicht unter null Grad Celsius absinkt. Schon im Januar kann man kleine Veränderungen an den Knospen sehen, sie schwellen allmählich an, bis im März die rötlichen Blätter hervortreten. Fünf bis zwölf Blätter treiben aus einer Triebkospe.

Groß ist die Spannung, ob sich an den obersten Trieben Blütenknospen befinden.

Die Entdeckung der Strauchpäonien

Bis zu fünfhundert Dollar kosten manche der neuen amerikanischen Strauchpäoniensorten heute. Im alten China lagen die Preise für manche Sorten bei drei Kilogramm Gold für eine Pflanze. Wertvolle Strauchpäonien gehörten zur Mitgift reicher Bräute und zum Erbe wohlhabender Familien. »Tanzender grüner Löwe«, »Smaragd-Schmetterling« und »Duft des

gesegneten Himmels« waren die poetischen Namen solcher antiker Sorten, die unter dem Schutz des chinesischen Kaisers standen.

Chinesisches Kulturgut

Die Strauchpäonie war im »Reich der Mitte« die wichtigste Zierpflanze. Sie hatte dort in etwa die kulturelle Bedeutung wie in Europa die Rose. In China hieß die Strauchpäonie **Moutan,** die Geschichte ihrer Kultur reicht über zwei Jahrtausende zurück. Zu allen Zeiten spielte dieser Strauch und seine Blüten eine große Rolle in der Dichtkunst, der Malerei und der Architektur.

Darstellung der chinesischen Moutan (Strauchpäonie) auf einem Deckengemälde des kaiserlichen Sommerpalastes in Beijing.

Paeonia suffruticosa 'Souvenir de Du-cher', eine Mitte des 19. Jahrhunderts nach Europa eingeführte Strauchpäoniensorte aus China.

Gedichte, Darstellungen der Moutan auf Seide, auf Keramik, Tapisserien und Kleiderstoffen aus mehreren Jahrhunderten zeugen davon.

Päonien, insbesondere diejenigen mit der Glück verheißenden roten Blütenfarbe, symbolisierten Kraft, Überfluss und das helle leuchtende Prinzip Yang. Die Moutan galt in China als Symbol des Frühlings und als Königin der Blumen (wie der sagenhafte Phönix als König der Vögel galt), die Staudenpäonie als deren Minister. Kein Wunder, dass die Strauchpäonien in den kaiserlichen Gärten des Sommerpalastes blühten, zu zehntausenden, wie es heißt.

Um das Jahr 1 000 gab es in Loyang, dem Zentrum der Moutan-Kultur, bereits dreißig namhafte Sorten. Dort, im Westen der Provinz Henan und in Heze im Südwesten der Provinz Shandong am Fluss Huang Ho, befinden sich noch heute die Zentren der Strauchpäonienproduktion und -vermarktung. Im fruchtbaren Schwemmland des Huang Ho, einer Gegend mit Kontinentalklima, sind ideale Bedingungen für den Päonienanbau gegeben. Heze mit seinen jährlichen Päonienausstellungen ist zu einem beliebten Ziel botanisch interessierter Chinatouristen geworden.

Strauchpäonien gelangen in den Westen

Vor rund zweihundert Jahren, als die allerersten Samen und Pflanzen der **chinesischen** Strauchpäonien nach Europa gelangten, war an touristische Reisen nicht zu denken. Zutritt zum chinesischen Kaiserreich hatten damals nur die großen Handelsgesellschaften, deren Segelschiffe auf allen Weltmeeren reisten. Insbesondere die Niederländisch-Ostindische Kompanie und später auch die Britische Ostindien-Kompanie hatten ihre Handelsbeziehungen

bis nach China ausgedehnt. Durch die Kompanien gelangten zuerst Pflanzenbeschreibungen und Ende des 18. Jahrhunderts auch Pflanzen nach England in den königlichen Botanischen Garten von Kew.

Die Engländer nannten die chinesische Moutan »Tree Peony«. Vor allem die Royal Horticultural Society hatte großes Interesse an der Beschaffung weiterer Baumpäonien, aber erst nach dem Ende des Opiumkrieges 1842 wurde es für Ausländer leichter, China zu bereisen.

Pflanzenjäger und -sammler

Im Auftrag der Horticultural Society reisten der schottische Gärtner Robert Fortune (1812–1880) und der englische Gärtner Reginald Farrer (1880–1920) nach China. Der Gärtner William Purdom sammelte im Auftrag der britischen Baumschule Veitsch und des Arnold-Arboretums, der russische Gärtner Grigori Potanin (1835–1920) im Auftrag des russischen Zaren, während der amerikanische Botaniker Joseph Rock (1884–1962) in China auf Pfingstrosensuche ging.

Diese und viele andere Pflanzensammler blieben zum Teil für Jahre in Ostasien und schickten hunderte von Strauchpäonien und anderen Pflanzen nach Europa.

Obwohl im letzten Drittel des 19. Jahrhunderts bereits Dampfschiffe fuhren, dauerte die Reise von Hong-Kong nach London noch zwei Monate. Die lebenden Pflanzen der kostbarsten Sorten wurden in eigens dafür konstruierten luftdichten Glaskästen transportiert.

Strauchpäonien aus Japan

Zunächst konnten »nur« chinesische Strauchpäonien nach Europa importiert werden, denn Japan öffnete sich im Gegensatz zu China für den europäischen Handel erst gegen Ende des 19. Jahrhunderts. Von da an gelangten auch **japanische Strauchpäonien** nach Europa und in die USA.

In Japan heißen die Strauchpäonien **Botan;** auch diese stammen ursprünglich aus China, denn in Japan gibt es keine wild wachsenden Strauchpäonien. Buddhistische Mönche sollen die Botan einst von China in die Tempelgärten Japans gebracht haben, wo sie mit äußerster Sorgfalt gehütet und gepflegt wurden.

In japanischen Tempelgärten soll es heute noch Strauchpäonien von 3 m Höhe und 8 m Breite mit zwei- bis dreihundert

Blüten geben. Erst im 17. Jahrhundert wurde die japanische Botan auch zur Gartenpflanze und zum Objekt japanischer Züchtungsarbeit. Japanische Strauchpäoniensorten zeichnen sich gegenüber den alten chinesischen Züchtungen durch hochstrauchiges Wachstum und einfache bis halb gefüllte Blüten aus. Das Farbspektrum der japanischen Sorten reicht von Weiß über Rosa bis Scharlachrot; beliebt sind auch Sorten mit Streifen oder Flecken.

Die Strauchpäonien in Europa und Übersee

Auf der Weltausstellung in Paris 1889 wurde dem Publikum erstmals eine großen Kollektion von chinesischen Strauchpäonien gezeigt. Die Besucher waren hingerissen. Es entstand eine wahre Päonieneuphorie in Europa und den USA. Man kannte ja diese riesigen Blüten auf ihren zarten Stängeln als Dekor auf chinesischer und japanischer Keramik. Auch europäische Chinoiserien wiesen Päonien-Blumendekore auf, aber man hatte die Abbildungen stets für kolossale künstlerische Übertreibungen gehalten. Auf der Weltausstellung konnten sich Pflanzenliebhaber zum ersten

Die gelb blühende wilde Strauchpäonie *Paeonia lutea* wurde gegen Ende des 19. Jahrhunderts entdeckt.

Mal vom tatsächlichen Vorhandensein dieser überdimensionalen Blüten überzeugen.

Die Nachfrage nach Strauchpäonien entstand sofort. Namhafte Gartenbaubetriebe nahmen die Pflanzenimporte in ihr Sortiment auf und züchteten mit ihnen weiter. So bot die Baumschule Riviere in Frankreich 1909 bereits 240 chinesische Strauchpäonien in ihrem Katalog an.

Die Wildarten werden entdeckt

Die chinesischen Zuchtformen der Strauchpäonien wurden schon längst in Europa kultiviert, da suchten die Botaniker immer noch nach den Wildformen, aus denen die asiatischen Züchter die kostbaren Sorten entwickelt hatten. Es war weniger schwierig, in die chinesischen Handelszentren zu gelangen und Sorten zu kaufen, als im Hinterland nach Wildarten zu suchen.

1887 entdeckte ein in China lebender Botaniker und Missionar, **Pater Jean-Marie Delavay,** im Hochgebirgswald eine dunkelrot und eine gelb blühende wilde Strauchpäonie, deren Samen er an das naturgeschichtliche Museum in Paris sandte. Es waren *Paeonia delavayi* und *Paeonia lutea.*

1917 entdeckte der oben erwähnte Gärtner **Reginald Farrer** in den Bergen von Südwest-Gansu eine wilde weiß blühende Strauchpäonie, deren Blüten die charakteristischen kastanienfarbenen Basalflecken aufwiesen.

'Duchesse de Nemours' ist eine der historischen Sorten, die aus der Päoniensammlung der Kaiserin Josephine hervorgingen.

Sie wurde nach ihrem Zweitentdecker, dem Amerikaner Joseph Rock, benannt und gelangte als Samen in das Arnold-Arboretum der Harvard-Universität.

Der russische Gärtner **Grigori Potanin** entdeckte *P. potaninii,* und erst in der allerjüngsten Zeit fand der italienische Botaniker **Gian Osti** eine weitere weiß blühende Wildform, *Paeonia ostii.*

Man kann sich heute kaum mehr eine Vorstellung davon machen, welche Strapazen und Entbehrungen die Pflanzensammler im 19. und Anfang des 20. Jahrhunderts auf sich genommen haben, um neue exotische Pflanzen zu finden und nach Europa zu schicken. Sie scheuten nicht vor Gefahren für Leib und Leben zurück. Diese Missionare, Gärtner, Teehändler und Botaniker waren vernarrt in die Strauchpäonien und besessen von ihrer Sammelleidenschaft.

Die Züchtungsgeschichte der Staudenpfingstrosen

Wie bei der Strauchpäonie, so gibt es auch für die Staudenpfingstrose eine Geschichte der Entdeckungen zu erzählen. Weit interessanter ist aber bei dieser

Päonienart die Züchtungsgeschichte.

In Europa reicht das Wissen über verschiedene Päonienarten weit zurück, wie alte Pflanzenbücher zeigen. Aber bis in das 19. Jahrhundert hinein gab es im Abendland nur wilde Staudenpäonien und einige Kulturformen wie unsere Bauernpfingstrosen.

Französische Gärtner als Pioniere

Gegen Ende des 18. Jahrhunderts schenkte der chinesische Kaiser eine Kollektion edler, gefüllter Päonien der Gattin Napoleons, Kaiserin Josephine. Josephine Bonaparte war bekanntlich eine große Pflanzenliebhaberin, sie ließ das kaiserliche Pflanzengeschenk in ihrem Garten in Malmaison kultivieren und ihre Sammlung bildete eine der bedeutendsten materiellen Grundlagen für die französische und später für die europäische und amerikanische Päonienzucht.

Josephine Bonaparte war so begeistert von der Schönheit der exklusiven Päonienblüten, dass sie sich eine Robe aus seidenen Päonienblütenblättern anfertigen ließ. Als Josephine 1814 starb, hinterließ sie ihre Päonien dem Grafen Cussy. Dieser vererbte sie 1835 dem Gärtner Auguste Calot.

Calot begann mit dem ehemals kaiserlichen Pflanzenbestand zu züchten und brachte mehr als 100 Sorten hervor. Danach wurde seine Sammlung von Gärtnergeneration zu Gärtnergeneration weitervererbt und gelangte so zu Felix Crousse und schließlich zu Victor Lemoine und dessen Sohn Emile.

In England gründete **James Kelway** 1851 einen Gartenbaubetrieb, der unter ihm, seinem Sohn William und seinem Enkel James 300 neue Staudenpäoniensorten hervorbrachte.

Amerikas Züchter

Mit Beginn des Ersten Weltkrieges und erst recht während des Zweiten Weltkrieges gingen viele europäische Gartenbaubetriebe unter. US-amerikanische Züchter übernahmen die Führung in der Päonienzucht.

Hier sind von allen drei Privatgärtner als erfolgreiche Züchter hervorgetreten: Prof. A. P. Saunders, ein Chemiker, Lyman Glasscock, ein Bauunternehmer, und Edward Auten, ein Banker. Insbesondere Saunders wurde berühmt für sein systematisches Züchtungsprogramm, für das er tausende von Pflanzen aus

Samen heranzog. Saunders kreuzte verschiedene Päonienarten miteinander und auch mit solchen Pfingstrosensorten, die bereits das Ergebnis von Kreuzungen waren.

Während in Europa mit nur einer kurzen Atempause zwei Weltkriege tobten, wurden in den USA große und erfolgreiche Gartenbaubetriebe gegründet und hunderte von neuen Päoniensorten – vor allem Hybriden – gezüchtet.

Deutschlands Päonienzüchter

Leicht kann vor dem Hintergrund dieser Leistungen der Eindruck entstehen, in Deutschland habe sich in Sachen Päonienzucht gar nichts getan, und manche Fachbücher erwecken auch tatsächlich diesen Eindruck.

Wenn man aber durch öffentliche Päoniensammlungen streift, findet man Pflanzen mit deutschen Namen wie »Gretchen« oder »Holbein« und errät sofort, dass diese Sorten weder von Calot noch von Saunders gezüchtet sein können. Tatsächlich hat es auch in Deutschland seit 1871 eine erfolgreiche Päonienzucht gegeben, über die man heute leider nur noch aus mündlicher Überlieferung der wenigen noch verbliebenen Zeitzeugen und

Rund hundert Jahre nach 'Duchesse de Nemours' entstand die moderne amerikanische Hybride 'Coral Charme'.

einigen schriftlichen Dokumenten, wie zum Beispiel alten Pflanzenkatalogen, etwas erfahren kann.

Die Geschichte der Päonienzucht in Deutschland wird auch für diejenigen meiner Leser interessant sein, die sich hauptsächlich über Sorten und Anbau von Päonien informieren wollen.

Erst durch eine gewisse Kenntnis der Entdeckungs- und Züchtungsgeschichte »sortiert« sich das zunächst unübersichtliche Feld der Pfingstrosenarten und -sorten. Kulturgeschichtliche Informationen geben uns Gärtnern und Gärnerinnen oft erst das rechte Verständnis für die vorhandene Pflanzenvielfalt.

Goos & Koenemann (1885–1951), Niederwalluf

Begründer der deutschen Päonienzucht und gleichzeitig ihr bedeutendster Repräsentant ist **Max-Joseph Goos** (1858–1917), der in Niederwalluf am Rhein 1885 eine Gartenbaufirma gründete. Im Jahre 1887 wurde sein Freund, August Koenemann (1864–1910), Teilhaber und es entstand die Firma »Goos & Koenemann, Staudengärtnerei und Baumschulen«, die im Verlauf von 50 Jahren 392 Staudensorten züchtete, darunter rund 40 Päoniensorten.

In der Geschichte dieser Gartenbaufirma spiegeln sich sowohl das hohe Niveau, auf dem früher solche Betriebe geführt wurden, als auch die schreckliche Geschichte der ersten Hälfte des 20. Jahrhunderts wider.

Max-Joseph Goos, ein Apothekerssohn aus Altona, widmete acht Jahre seines Lebens einer umfassenden Ausbildung. Seine Lehre machte er in der Landschafts- und Topfpflanzengärtnerei bei Stueben in Hamburg; danach volontierte er im königlichen Garten in Herrenhausen. Bei Rathke & Sohn in Praust bei Danzig arbeitete er ein Jahr lang in den Baumschulen. Die in Deutschland damals noch wenig bekannte Staudengärtnerei erlernte Goos in England, wo er auch die Arbeit mit Rhododendren, Azaleen und immergrünen Pflanzen kennen lernte und seine Kenntnisse durch Studienreisen vertiefte.

Ein so umfassend ausgebildeter Gartenbaufachmann konnte einen Betrieb leiten, der sowohl Baumschule als auch Staudengärtnerei umfasste und in dem die Züchtungsarbeit systematisch betrieben wurde. Im Jahre 1911, als Deutschlands berühmtester Staudenzüchter **Karl Foerster** gerade erst in Bornim südlich von Potsdam seine Staudengärtnerei eröffnete, waren Goos & Koenemann'sche Phlox-, Mohn-, Dahlien- und Päonienzüchtungen schon auf dem Markt.

Die Firma erlebte vor dem Ersten Weltkrieg einen kometenhaften Aufstieg und wurde rasch zu einem weltbekannten Unternehmen. Goos & Koenemann belieferten die Schlossgärten in Potsdam mit Bäumen, Sträuchern und Stauden, lieferten Pflanzen an den russischen Zarenhof und an die Palastgärten in Persien, man hatte Kunden in den USA und überall in Europa. Die weltweiten Kontakte knüpfte August Koenemann. Er war der glänzende Außenrepräsentant der Firma, der gleichzeitig Pflanzen in aller Welt sammelte. So brachte er den ersten gelben Flieder nach Europa und einen kalifornischen Mammutbaum nach Niederwalluf, der heute noch auf dem ehemaligen Firmengelände steht.

Das Verwaltungsgebäude der Staudengärtnerei und Baumschule Goos & Koenemann im Jahre 1930.

Die berühmteste einfach blühende Pfingstrosensorte von Goos & Koenemann ist *Paeonia lactiflora* 'Holbein'.

1910 war der Betrieb auf eine Fläche von 32 Hektar angewachsen und beschäftigte 120 Mitarbeiter.

Schon im Jahre 1897 erhielt die damals seit zehn Jahren bestehende Firma auf der Allgemeinen Internationalen Gartenbauausstellung in Hamburg die Große Goldene Medaille für ihr Päoniensortiment. Von 1910 an brachten Goos & Koenemann in rascher Folge eigene Päonienzüchtungen auf den Markt, darunter die zum Teil heute noch kultivierten **Maler-Päonien.** Diese Staudenpäoniensorten hatten eine einfache ungefüllte Blüte, was eine ausgesprochen neue und damals viel beachtete Zuchtrichtung darstellte, denn die französischen Staudenpäonien waren – mit wenigen Ausnahmen – alle gefüllt oder halb gefüllt.

Das Sortiment dieser einfach blühenden Staudenpäonien stellte Goos & Koenemann der damals neu gegründeten **American Peony Society (APS)** zur Verfügung. Dort fanden die deutschen Neuzüchtungen und speziell die einfach blühenden Varietäten »allergrößte Anerkennung und Bewunderung« und (zum Teil) Aufnahme in das APS-Register.

Eine zweite Zuchtserie waren die **Städte-Päonien,** benannt nach den Städten des Rheingaus im nahen und weiteren Umkreis des Firmenstandortes von 'Bingen' bis 'Wiesbaden'. Diese Städtepäonien waren gefüllt in der klassischen Form und umfassten die ganze Farbskala zwischen Weiß, Rosa und Karmesin bis Dunkelamaranthrot. Gezüchtet wurde ausschließlich mit Lactiflora-Päonien.

1910 starb August Koenemann, ohne männliche Erben zu hinterlassen. 1916 fiel der jüngere Sohn von Max-Joseph Goos im Krieg. 1917 starb der Firmengründer. Dessen älterer Sohn, **Hermann Goos** kehrte gesundheitlich angeschlagen aus dem Krieg zurück und übernahm 1922 die Firma.

In der Zeit nach dem Ersten Weltkrieg gehörte Niederwalluf zum französisch besetzten Gebiet; die Firma litt unter Ausfuhrverboten und unter Zollschranken gegenüber dem deutschen Absatzgebiet. Dennoch erholte sich die Firma in den zwanziger Jahren.

Hermann Goos heiratete 1929 eine Botanikerin aus Berlin: Lilly Goos (1901–1995), eine lebenslang begeisterte Gärtnerin. Der gelernte Gärtner und promovierte Philologe Hermann Goos gab der Züchtungsarbeit einen neuen Aufschwung. Allein bei den Staudenpäonien standen von 1922 bis 1930 acht neue Sorten in der »Preisliste«.

Die Staudenpäonien liefen unter der Bezeichnung China-Päonie oder *Paeonia sinensis,* der älteren Bezeichnung für *P. lactiflora.* Die Strauchpäonien wurden mindestens seit dem Herbst 1903 im Katalog angeboten, und zwar unter der Bezeichnung »*Paeonia arborea*«, also baumartige Päonien. Es handelte sich um chinesische Strauchpäonien mit europäischen Namen wie 'Souvenir de Ducher', aber auch um holländische und französische Zuchtsorten. Erst Ende des 19. Jahrhunderts begannen die europäischen Gärtner, sich auch für **japanische Strauchpäonien** zu interessieren, als es erstmals möglich wurde, Pflanzen aus Japan zu importieren, da japanische Genossenschaften wie The

Paeonia suffruticosa 'Colorado', eine von Goos & Koenemann eingeführte japanische Strauchpäoniensorte.

Yokohama Nursery und The Tokyo Nursery Company in den neunziger Jahren erstmals englischsprachige Kataloge herausgaben. 1902 hatte der französische Gartenbaubetrieb **Benoit Riviere** japanische Strauchpäonien in sein Sortiment aufgenommen. Schon 1907 konnte man auch bei Goos & Koenemann japanische *Paeonia arborea* aus eigener Vermehrung bzw. Veredelung bestellen. Die japanischen Sorten wurden mit neuen Namen versehen, wie dies in allen europäischen Gartenbaubetrieben damals üblich war. Sie erhielten amerikanische Namen: 'Colorado', Illinois', 'Missouri' usw. Einzelne Exemplare dieser Sorten sind noch zu finden, so stehen 'Colorado, 'Illinois', und 'Wyoming' im Botanischen Garten in München.

1933 starb Hermann Goos an den Folgen der Kriegsstrapazen. Lilly Goos schied 1934 aus der Firma aus und Friedrich Bücher führte die Firma weiter, erhielt aber ab 1938 keine öffentlichen Aufträge mehr, da die Familie Goos sich entschieden gegen das nationalsozialistische Regime stellte. Auch nach dem Ende des Zweiten Weltkrieges konnte die Firma sich nicht mehr erholen und wurde 1951 von Margarete Bücher, geb. Goos, an die Firma **Erfurter Samenzucht** verkauft. Ungezählte Päonienpflanzen verschwanden unwiederbringlich unter dem Pflug. Einen Teil der Goos & Koenemann-Päonien führt noch heute die Firma **Klose** in ihrem großen Sortiment. In privater Initiative sammelt und kultiviert der Staudengärtner **Andreas Hilleberg** die Päonien von Goos & Koenemann in Walluf, ganz in der Nähe des alten Firmengeländes. Er liefert inzwischen Teilungspflanzen aus eigener Vermehrung an Päonienliebhaber und öffentliche Staudengärten. Besichtigen kann man derzeit 27 Goos & Koenemann-Staudenpäonien im Staudensichtungsgarten der Fachhochschule Weihenstephan. Eine Liste aller G&K-Sorten ist im Anhang aufgeführt (siehe Seite 92).

Heinz Klose (1926–2001), Kassel-Lohfelden

Das gärtnerische Erbe der großen Staudenpäonienzüchter Goos & Koenemann war dennoch nicht ganz verloren. Nach dem Ende des Zweiten Weltkrieges kam Heinz Klose als junger Gartenbauvolontär zu der noch immer berühmten Firma, um seine Ausbildung zu erweitern.

Klose war im schlesischen Waldenburg geboren, das heute in Polen liegt, und hatte noch im letzten Kriegsjahr seine Gärtnerprüfung im Botanischen Garten in Breslau abgelegt. Nach Kriegsende arbeitete er zusammen mit **Richard Hansen** in der Staudengärtnerei Heinz Hagemann in Hannover. Während der Berufsjahre bei Goos & Koenemann ließ er sich von der Liebhaberei für Päonienzucht anstecken, machte als erster Gärtner seine **Meisterprüfung im Fachgebiet Stauden** und gründete zusammen mit seiner Frau Rosa Klose, einer Gartenbaukollegin aus Ungarn, eine eigene Staudengärtnerei in Lohfelden bei Kassel mit dem Schwerpunkt der Päonienkultur.

Den Grundstock seiner Päoniensammlung bildeten Staudenpäonien von Goos & Koenemann, zu deren Rettung und Weiter-

SAGENHAFTE ROSE

Der Name der Paeonia ist ein sagenhafter. Denn die botanische Bezeichnung für die Pfingstrose kommt von Paion, dem griechischen Gott, der Teile der Staude für Heilzwecke genutzt haben soll. Auch die Bezeichnung „Gichterose" deutet auf die Heilwirkung hin. Die entkrampfende Wirkung der Wurzeln nutzte man zur Behandlung von Epilepsie, einst „Gichter" genannt. Die Traditionelle Chinesische Medizin und die Homöopathie kennen noch heute die Paeonia.

Michael Branik, Moderator SWR4 Baden-Württemberg

5. JUNI 2006

nienkultur ermöglichten ihm die Auswahl erfolgreicher Sämlinge mit neuen Sorteneigenschaften.

Alexander Steffen (1871–1954), Erfurt

Während die Firma Goos & Koenemann sowie auch Heinz Klose ausschließlich Lactiflora-Päonien züchteten, widmete sich Alexander Steffen in Erfurt der Zucht von **Päonien-Hybriden,** also der Kreuzung verschiedener Päonienarten.
Den Gartenbau hatte Alexander Steffen gemeinsam mit dem berühmtesten aller deutschen Staudenzüchter erlernt, mit **Karl Foerster** in der Hofgärtnerei in Schwerin bei Hofgärtner Schulz. Von 1891 bis 1893 besuchte

npäonien im Sichtungsgarten der Fachhochschule ...us der Staudengärtnerei Klose angelegt.

Teilstücke mit den ein bis zwei Grundknospen hegte und pflegte, um sie schließlich vermehren zu können.
Als die Päonienbeete im Staudensichtungsgarten von **Weihenstephan** in den sechziger Jahren unter der Leitung von **Prof. Richard Hansen** angelegt wurden, konnte Klose, den eine alte Freundschaft mit Prof. Richard Hansen verband, die großartige

Steffen die Königliche Gärtner-
lehranstalt in Potsdam. Seinen
Beruf übte der studierte Gärtner
in den Gartenverwaltungen von
Berlin und Magdeburg, in priva-
ten Betrieben, als Leiter der
**Staatlichen Versuchs- und Bei-
spielsgärtnerei in Pillnitz** und
als Lehrer an der Höheren Gar-
tenbauschule in Pillnitz aus. In
seinem Ruhestand ab 1936
widmete sich der weit gereiste
Autor vieler Fachbücher und
Mitarbeiter von Gartenzeit-
schriften der Neuzüchtung von
Blumen und Zierpflanzen.
Steffen arbeitete insbesondere
mit **Paeonia peregrina,** die er
mit Lactiflora-Päonien kreuzte,
denn er war auf der Suche nach
einfach blühenden standfesten
Sorten. Im Jahre 1922 schrieb er
in der Zeitschrift »Gartenschönheit«: »Wer Jahre des Zusam-
menbringens von Sorten hinter
sich hat, der verliert allmählich
den Geschmack daran, noch
weitere mehr oder wenig ähnliche Formen den vorhandenen
hinzuzufügen. Er möchte tiefer
schauen, wie all jene Schönheit
geworden ist, und möchte selber
sein Heil in der Züchtung neuer
Sorten versuchen.«
In Zusammenarbeit mit der re-
nommierten Erfurter Gartenbaufirma **F. C. Heinemann,** auf deren
Gelände Alexander Steffen einen

Die leuchtend rote, einfach blühende Hybride 'Alexandra' von Alexander Steffen wird
noch kultiviert; andere seiner Sorten wie 'Perle von Erfurt', 'Hoffnung' und 'Edelrot'
gelten als verschollen.

eigenen Zuchtgarten unterhielt,
brachte er neben anderen Staudensorten eine Reihe von Päonienhybriden hervor. Von ihm
benannt wurde 'Alexandra',
nach ihm benannt wurde die
niedrig wachsende weinrote,
gefüllte 'Dr. h. c. Steffen', die
von der Firma **Chrestensen,**
Erfurt, angemeldet wurde.
Steffens Sorten wurden in den
vierziger und fünziger Jahren gezüchtet, aber erst sehr viel später
angemeldet und zum Handel
zugelassen. Die meisten dieser
Sorten werden heute nicht mehr
angeboten. Eine Ausnahme bildet die ganz besonders schöne
reich blühende Steffen-Hybride
'Alexandra'; diese Sorte findet
man im Pflanzenkatalog der
Firma Klose und im **Staudensichtungsgarten** von Weihenstephan.

Horst Bäuerlein (1961), Bad Abbach

In Bad Abbach südlich von Re-
gensburg betreibt Horst Bäuerlein eine Staudengärtnerei. Von
der Ausbildung her ursprünglich
Gärtner der Fachrichtung Baumschule hat er sich zum leiden-
schaftlichen Staudengärtner
entwickelt. Sein Interesse gilt
der Arten- und Sortenvielfalt,
und er setzt sich mit seiner Arbeit
dafür ein, diese Vielfalt an Liebhabergärtner weiterzugeben.
Seit fast zwanzig Jahren sammelt
Bäuerlein Staudenpäonien und
hat derzeit rund hundert Sorten
von Lactiflora-Päonien und Hybriden in Kultur und Vermehrung.
Sein besonderes Interesse gilt
jedoch den **botanischen Staudenpäonien.** Er hat den Ehrgeiz,
möglichst reine Arten von wilden Päonien heranzuziehen und

Ein noch namenloser Sämling *(P. tenui-folia* 'Rosea' × *P. anomala)* aus Bäuer-leins »Grüner Stube«.

Liebhabern anzubieten. Mit Samen vom Wildstandort und von diversen botanischen Gärten, mit denen der engagierte Staudengärtner in regem Austausch steht, konnte Bäuerlein ein Sortiment von botanischen Staudenpäonien aufbauen. Bäuerlein kreuzt die wilden Arten mit Lactiflora-Sorten. Sein Ideal sind halb gefüllte, standfeste Sorten mit verlängerter Blütezeit.

Gezüchtet wird mit der Methode der so genannten **Handpollinierung.** Die beiden Elternpflanzen werden jeweils so aufgepflanzt, dass die künftige Mutterflanze im Schatten und die Vaterpflanze am sonnigen Standort steht. Da-

Der Staudengärtner Horst Bäuerlein erzielt durch Handpollinierung artenreine *Paeonia mlokosewitschii.*

durch ist erstere noch knospig, während letztere schon aufblüht und reifen Pollen bildet. Die Knospen der Mutterpflanze werden mit Teefiltertüten zugebunden, damit sie »jungfräulich« bleiben. Unmittelbar vor der Bestäubung werden die Abdeckungen sowie alle Blütenblätter und Staubgefäße der Knospe entfernt. Dann werden die Narben mit den Pollen der Vaterpflanze von Hand polliniert und die befruchteten Blütenstände wieder eingebunden.

Im September bis Oktober reifen die Samen. Sie werden sogleich ausgesät, weil sie sonst hart werden und die Keimung sich um ein Jahr verzögern würde. Im März des folgenden Jahres keimen die Sämlinge und werden im August zum ersten Mal pikiert. Bis zu hundert Sämlinge erbringt eine *P. mlokosewitschii.* Erst nach vier und mehr Jahren kann der Gärtner auf die erste Blüte seiner Sämlinge hoffen. Dann erst zeigt sich, ob die Sämlinge den bekannten Sorten gegenüber neue Eigenschaften besitzen. Sie werden fünf Jahre lang auf ihr Wuchs- und Blühverhalten hin beobachtet. In den ersten Jahren können sich diese noch verändern, erst ab einem bestimmten Alter der Staude bleiben sie stabil. Des-

halb wird allgemein erst nach längerer Beobachtung und genauem Vergleichen mit vorhandenen Sorten von einer neuen Sorte gesprochen. Das kann unter Umständen zehn Jahre dauern. Jahre vergehen, bis ausreichend vegetativ (durch Teilung) vermehrte Exemplare der neuen Sorte zur Verfügung stehen. Erst ab einem größeren Bestand wird die Sorte in den Verkauf gebracht.

auf einen blick

- Edle Stauden- und Strauchpäonien stammen aus China und Japan.
- Sie gelangten erst im Laufe des 19. Jahrhunderts in westliche Gärten.
- Seitdem wurden auch in Europa und den USA zahlreiche neue Sorten gezüchtet.

Pfingstrosenarten und -sorten

Gut sortierte Gartenbaubetriebe bieten bis zu 600 staudige Pfingstrosen und Importeure bis zu 200 Strauchpäonien-Sorten an. Entscheidend für den Gartenwert sind neben der Schönheit der Blüten vor allem Blütezeit und -dauer der Arten und Sorten.

Blütezeiten der Päonien in Mitteleuropa

- sehr früh: zwischen Mitte und Ende April
- früh: zwischen Ende April und Mitte Mai
- mittel: zwischen Mitte und Ende Mai
- spät: zwischen Ende Mai und Mitte Juni
- sehr spät: Mitte bis Ende Juni

Die zwei Monate dauernde **Päoniensaison** beginnt mit den botanischen Staudenpäonien. Danach blühen die Strauchpäonien der Suffruticosa-Gruppe und fast alle Staudenpäonien-Hybriden. Die Hauptblütezeit der Pfingstrosen wird durch die Strauchpäonien-Hybriden und die historischen Staudenpäonien bestimmt.

Arten und Sorten der Staudenpfingstrose

Die nun folgenden Porträts bieten eine kleine Einführung in die Welt der Staudenpäonien; sie beschreiben einige typische Sorten bzw. Arten aus jeder Gruppe. Obwohl Lactiflora-Päonien und -Hybriden manchmal durchaus ähnliche Blütenformen aufweisen, unterscheiden sie sich insgesamt nicht nur nach der Blütezeit, sondern auch im

◀ Durch Zuchtsorten an Schönheit nicht zu übertreffen ist die botanische Strauchpäonie Paeonia rockii mit ihren samtigen kastanienfarbenen Basalflecken.

Wuchs und in der Farbskala deutlich.
Alle Lactiflora-Päonien blühen – wie ihre wilde Vorfahrin – spät bis sehr spät, die meisten Hybriden dagegen früh oder mittelfrüh. Die Blütezeit kann sich je nach Witterung und Standort erheblich verschieben.

Botanische Staudenpfingstrosen

Keine andere wilde Pflanze – die Strauchpäonie ausgenommen – bringt in der Flora der nördlichen Hemisphäre so große Blüten hervor wie die Staudenpäonie. Bis zu 15 cm sind die weißen, gelben, rosaroten und roten Blütenschalen der wilden Schönen groß und ebenso attraktiv wie die Blüten der Zuchtformen. Daher ist es kein Wunder, dass sich Botaniker, Pflanzenjäger, Gärtner und Pflanzenzüchter zu allen Zeiten für sie begeistert haben. Heute sind viele **Standorte** der botanischen Schönheiten auf dem Balkan, in Kurdistan und Zentralasien Krisen- oder

gar Kriegsgebiete und auf Jahre unzugänglich. Hingegen sind viele der leichter zugänglichen europäischen Arten fast ausgerottet. Die für eine wilde Blüte völlig ungewöhnliche Schönheit der Päonie zieht Sammler an. So ist die (nicht frostfeste) Balearen-Päonie (P. cambessedesii) mit ihren großen dunkelrosa Blüten heute nur noch selten zu finden. Der Entdecker dieser Päonienart, Jacques Cambessèdes, holte einst – so wird erzählt – die Pflanzen mit Gewehrschüssen aus ihrem felsigen Untergrund.

Wilde Staudenpäonien sind Bergblumen

Sie wachsen in den Rocky Mountains und an den windgepeischten Hängen des Kaukasus, im Pamirgebirge und im Ural; sie gedeihen im südlichen Hima-

In den Bergen Andalusiens wächst *Paeonia broteroi*, die wilde spanische Stauden-pfingstrose. Wilde Pfingstrosen stehen in Europa unter Naturschutz.

In Deutschland, Österreich, der Schweiz und Frankreich stehen alle wilden Päonienarten unter strengem Naturschutz, hier ist auch das Ab-sammeln von Samen nicht erlaubt! Das Absammeln von Samen der wild wachsenden Päonien stellt generell einen nicht unerheblichen Eingriff in den Fortbestand der wilden Flora dar, auch wenn es nicht überall ver-boten ist. Aus Gründen des Natur-schutzes sollte man daher Absaaten aus Kulturpflanzen wählen.

laya in 3 000 Meter Höhe und auf 2 000 Metern im Atlasgebirge Algeriens und Marokkos. In den Kalkfelsen der Mittelmeerinseln und in den europäischen Südal-pen blühen die wilden Päonien in den Monaten April und Mai, in den kurzen zentralasiatischen Bergsommern im Juli und August. Rund 30 Arten (und zusätzliche durch Kultur veränderte Formen) von Wildpäonien sind weltweit bekannt. Diese Zahl wächst noch, denn es werden noch immer neue Arten in Ost- und Zentral-asien entdeckt. Manche der heute bekannten Arten kommen nur in einer abgegrenzten Region vor, etwa *Paeonia broteroi,* die

spanische Wildpäonie. Andere Arten haben riesige Verbreitungs-gebiete, wie die *Paeonia mascu-la,* die vom Mittelmeerraum bis nach Sibirien verbreitet ist. Ein gemeinsames Merkmal aller wilden Staudenpäonien sind die **einfachen Blütenschalen** und die rübenähnlich **verdickten Wurzeln.** Auch die **segmentierten Blätter** sind allen gemeinsam, wobei die Blattsegmente so fein wie Nadeln oder so breit wie die Blätter des Kartoffelkrauts sein können. Die frühe **Blütezeit** der meisten botanischen Päonien ist vorteilhaft für die Gartenge-staltung, denn sie verlängert die Päoniensaison.

Botanische Päonien sind Lieb-haberpflanzen

Viele von ihnen sind nicht leicht zu beschaffen. Im Handel sind Teilungspflanzen und Sämlinge, wobei das im Gartenbau ver-wendete **Saatgut** vom Wildstand-ort oder aus Kultur und Selektion stammen kann. Da botanische Päonien relativ leicht keimen, kann man es auch gleich mit Saatgut versuchen. Einige der botanische Päonien, die sich als Gartenpflanzen be-währt haben und auch in der Züchtung häufig verwendet worden sind, werden hier vor-gestellt.

Wilde Pfingstrose
Paeonia officinalis

Die Wildform unserer europäischen Gartenpfingstrose wächst in den hellen felsigen Gebirgswäldern und an steinigen Hängen in Trockengebüschen in Südeuropa. Der Artenname »officinalis« deutet auf die früher bedeutsame medizinische Verwendung der Apothekenpfingstrose hin.

Gestalt: Die Wildform unserer Pfingstrose bildet niedrige aufrechte Stauden mit fleischigen Stielen und leuchtend grünen, an der Blattunterseite hellgrünen, fein gefiederten Blättern. Die hellrosa Knospen mit hellgrünen Hüllblättern und zartgrauer Bereifung sehen aus wie köstliche kugelrunde Früchte.

Bis zu zwanzig dieser reizenden Blütenknospen ruhen auf dem maiengrünen Laub. Die großen, einfachen oder doppelten, flachen Blütenschalen sind dunkelrosa bis rot. Fünf bis acht rundliche Blütenblätter beherbergen einen dichten Kranz goldgelber Staubbeutel auf roten Staubfäden. Zwei bis drei grüne Fruchtknoten mit roten Narben verwandeln sich nach der Bestäubung in weißfilzige Fruchtblätter.

Typisch für *P. officinalis* ist ein Wurzelsystem mit hintereinander gereihten, durch dünne Abschnitte verbundenen, rübenartigen Verdickungen.

Sorten: Die bekanntesten Kulturformen der Art sind *P. officinalis* 'Alba Plena', 'Rosea Plena' und 'Rubra Plena', die gefüllte weiße, rosafarbene und rote Bauernpfingstrose.

Auch die einfach blühende *P. officinalis* ist als Gartenpflanze in Kultur und wegen ihrer zwei Wochen dauernden Blütezeit sehr zu schätzen. Sie eignet sich besonders für den Standort Gehölzrand, aber auch für den Steingarten.

Mit *P. officinalis* als Elternpflanze entstanden so schöne Hybriden wie die tiefrote 'Carol'.

Höhe: 50 cm
Blüte: 7–9 cm, dunkelrosa bis karminrot, ohne Duft
Blütezeit: sehr früh bis früh.

Paeonia mascula **subsp.** *arietina*

Gestalt: Das Laub dieser dekorativen botanischen Päonie ist hellgrün, blattunterseits graugrün. Die Blattsegmente der Mascula-Päonien sind rundoval mit ausgeprägter Spitze. Karminrote Blütenblätter bilden eine tiefe Schale mit einem dicken Kranz goldgelber Staubblätter

Die wilde Vorfahrin unserer Bauernpfingstrosen, *Paeonia officinalis*, hat einfache blutrote Blüten.

Die gefüllte Bauernpfingstrose 'Rubra Plena' ist die wohl bekannteste Pfingstrose.

auf roten Staubfäden. Cremeweiße Fruchtknoten mit roten Narben kontrastieren dazu lebhaft. Die Fruchtblätter der *P. mascula* ssp. *arietina* sind wie ein Widderhorn gebogen, was bei der Namensgebung der Päonie Pate stand, denn Aries ist lateinisch der Widder. Wie alle europäischen Wildformen ist auch diese ein Pflanzenkind des Mittelmeergebirges. Im Garten kann sie auf Freiflächen und am Gehölzrand kultiviert werden.

> **Höhe:** 60 cm
> **Blüte:** 10–12 cm, rot, ohne Duft
> **Blütezeit:** früh.

Die Abbildung zeigt 'Northern Glory', eine gartengeeignete Kulturform der *Paeonia mascula* ssp. *arietina*.

Griechische Pfingstrose
Paeonia peregrina
(Syn.: *P. lobata*)

Der Name dieser Päonienart bedeutet so viel wie die »fremde« oder die »wandernde« Päonie, denn sie war in Europa anfangs unbekannt.

Gestalt: P. peregrina bildet eine bis einen Meter hohe, aufrechte Pflanze mit kräftigem, glänzend dunkelgrünem Laub, das unterwärts bläulich schimmert. Ihre Blätter sind nicht nur in zwei bis drei Segmente gegliedert, sondern die Blattsegmente sind oben auch noch grob gezahnt. Auf kräftigen Stielen sitzt jeweils eine einfache signalrote Blüte, deren Blütenblätter ballförmig einwärts gebogen sind. Der Fruchtstand der P. peregrina ist sehr hübsch, denn in den aufgeplatzten Fruchtblättern befinden sich schwarze Samen und leuchtend rote Scheinsamen.

Sorten: P. peregrina mit ihren Kulturformen ist eine bezaubernde Gartenpflanze. P. peregrina 'Otto Froebel' hat eine besonders leuchtende, fast glühende Blüte mit signalroten Blütenblättern, roten Staubfäden und gelben Staubblättern. Weil sie in der Natur auf Schotter wächst, brauchen P. peregrina wie auch ihre Kulturformen auf jeden Fall

'Otto Froebel', eine bekannte und beliebte Kulturform der griechischen Päonie mit signalroter ballförmiger Blüte.

einen gut durchlässigen Boden. P. peregrina ist häufig Partnerin bei Kreuzungen. Von ihr stammen z.B. die feuerrote, halb gefüllte 'Carina' und die himbeerrote, halb gefüllte 'Cytherea' ab.

> **Höhe:** 70–100 cm
> **Blüte:** 7–11 cm, rot, ohne Duft
> **Blütezeit:** früh.

Balkanpfingstrose
Paeonia tenuifolia

Diese Wildart kann auch ein Laie schon auf den ersten Blick von anderen wilden Päonien unterscheiden, weil sie fast nadelfeine Blattsegmente hat; man bezeichnet sie daher auch als Netzblatt- oder DillPäonie.

Gestalt: Die niedrige Staude ist reich belaubt und oberseits leuchtend grün. Auf der Unterseite schimmern die Blättchen bläulich. *P. tenuifolia* ist die von allen Päonienarten am frühesten blühende. Schon in der letzten Aprilwoche gehen ihre hochroten ballförmigen kleinen Blüten auf. Ähnlich wie das Adonisröschen sind sie von einem Laubkranz wie von einer grünen Spitzenmanschette umgeben und mit goldgelben Staubgefäßen gefüllt. Und sie duften! *P. tenuifolia* ist eine der wenigen Päonien, die sich für den Steingarten eignen, aber sie sieht auch in einer niedrigen Rabatte gut aus und bildet dort sogar nach der Blütezeit wegen ihres außerordentlich duftenden

Laubes einen bezaubernden Blickfang. Von *P. tenuifolia* gibt es auch eine gefüllte Form. Ein besonderes botanisches Merkmal dieser Wildpäonie ist ihr kriechendes Wurzelwerk mit knollenartiger länglicher Verdickung. Die Fruchtblätter sind auffallend filzig. Voraussetzungen für das Gedeihen sind ein warmer Standort und ein durchlässiger Boden. *P. tenuifolia* ist am natürlichen Standort eine Steppenpflanze und ihr Verbreitungsgebiet reicht von Ungarn bis zum Schwarzen Meer.

Sorten: Die aus *P. tenuifolia* gezüchteten Kreuzungen haben das feine Laub, die frühe Blütezeit und den niedrigen Wuchs der Art geerbt, so z. B. 'Early Scout', eine Hybride mit einfa-

cher, tiefrosa Blütenschale und heidekrautähnlichem Laub.

Höhe: 30–40 cm
Blüte: 5–7 cm, rot, zarter Duft
Blütezeit: sehr früh.

Gelbe Kaukasuspfingstrose
Paeonia mlokosewitschii

Die Heimat dieser wilden Pfingstrose und ihrer Verwandten, der *P. wittmanniana,* sind die lichten Eichenwälder und sonnigen Berghänge des Kaukasus. Dort wachsen diese einzigen gelb blühenden Arten an sonnigen und steinigen Berghängen. Beide Arten wurden jeweils nach ihrem Entdecker, einem russischen Förster und einem bergsteigenden Botaniker, benannt. Im Garten kann man die Kaukasuspäonien am sonnenabgewandten Steingartenplatz kultivieren.

Gestalt: Der Traum jedes Päonienliebhabers ist es, die gelbe, schon Ende April blühende *P. mlokosewitschii* zu besitzen. Ihre großen, schalenförmigen, einfachen Blüten leuchten selbst bei trübem Wetter. Sie sind ballförmig nach innen gebogen und bestehen aus sechs bis acht breiten, sich überlap-

Paeonia tenuifolia, die Dill-Päonie, eröffnet mit ihren blutroten Blütenknospen die Päoniensaison.

Fast ebenso früh wie *Paeonia tenuifolia* blüht die gelbe Kaukasuspäonie, *P. mlokosewitschii*. Ihre Blüten leuchten selbst bei trübem Wetter.

penden Blütenblättern, durch die das Licht sanft hindurchschimmert. Die Staubgefäße bilden einen dicken, vielfachen Kranz und umgeben ein bis zwei hellgelbe Fruchtknoten mit karminroten Narben.

An dieser Pfingstrosenart ist alles rundlich: die Blüten, die buschige Staude und das schöne Laub. Es besteht aus matt graugrünen, breitovalen Blattsegmenten mit dunklen Adern. Die Ähnlichkeit mit dem Laub der *P. mascula* ist unverkennbar. *P. mlokosewitschii* hat einen tief in das Erdreich wachsenden Wurzelstock mit nur wenigen dicken Wurzeln und ist daher durch Teilung nur schwer zu vermehren. Glück hat der Päonienliebhaber, der eine Teilungspflanze aus sorgfältiger Kultur

und Auslese erwischt, deren Blüten tatsächlich die zitronengelbe Färbung zeigen. Im Spezialbetrieb werden meist Sämlinge angeboten, und zwar erst, nachdem diese einmal geblüht haben, um Artenechtheit zu gewährleisten.

Die *P. mlokosewitschii* bildet schwarze und rote Samen in ihren flaumig behaarten Fruchtblättern aus, die roten Samen sind Scheinsamen, die aber prächtig aussehen.

P. mlokosewitschii wurde erst gegen Ende des 19. Jahrhunderts entdeckt, aber bald so bekannt und beliebt, dass sie volkstümliche Namen erhielt. In Großbritannien heißt sie – leicht verballhornt – »Molly the Witch« oder Zitronenpäonie, im deutschsprachigen Raum kennt man die Bezeichnungen Butter-Päonie und Trollblumen-Päonie.

Arten und Sorten: *P. wittmanniana* ist zwar eng mit *P. mlokosewitschii* verwandt, ihre Stauden werden jedoch bis zu 80 cm hoch und haben derbe, großlappige, zugespitzte Blattsegmente. Die sehr frühe Blüte dieser Kaukasuspäonie ist hellgelb und im Verblühen fast weiß. Die Blütenstiele legen sich gern zur Seite und lassen den Busch dann optisch in die Breite wachsen.

P. mlokosewitschii und *P. wittmanniana* sind begehrte, aber schwierige Kreuzungspartner. Aus der Letzteren entstanden u.a. 'Claire de Lune' und 'Mai Fleuri'.

Höhe: 50 cm
Blüte: 10 cm, gelb, zarter Duft
Blütezeit: sehr früh.

Pfingstrose des Ural- und des Pamirgebirges
Paeonia anomala

Der Name dieser Art bedeutet, dass sie von anderen Arten im äußeren Erscheinungsbild abweicht. Das stimmt insbesondere für das Blattwerk.

Gestalt: Die Blätter sind schmal und spitz zulaufend – fast wie Bambusblätter, aber fleischiger als diese. Auch die Blütenblätter sind ungewöhnlich für eine wilde Päonie, denn sie sind gewellt und länglich-oval. Die einfachen Blütenschalen der *P. anomala* sind dunkelpink bis rot und stehen seitlich an ihren Stielen. Die Staubgefäße sind gelb und bemerkenswert lang. Nicht nur das äußere Erscheinungsbild dieser Art unterscheidet sich von anderen Arten, sondern auch die »inneren Werte«.

Die großen, dicken Wurzeln der *P. anomala* sind nämlich essbar und werden in Kasachstan noch heute gegessen. Die Heimat dieser erst im 18. Jahrhundert entdeckten Wildpäonie sind Ostrussland und Zentralasien, sie wächst insbesondere im Ural und im Pamirgebirge an der Grenze zu Afghanistan.
P. anomala eignet sich sehr gut für einen sonnigen Platz im Steingarten, weil sie einen niedrigen Busch mit glänzend grünem feinem Laub bildet, das sich im Herbst orangebraun verfärbt.

Die chinesische wilde Staudenpäonie *Paeonia lactiflora*; sie ist schon so lange in Kultur, dass man sich über die ursprüngliche Blütenform nicht mehr ganz sicher sein kann.

Ein wahrer Gartenschatz ist *Paeonia × smouthii*; sie blüht vier Wochen lang unermüdlich.

Hybriden: Relativ verbreitet ist eine Hybride oder Kulturform der Anomala-Päonie, *Paeonia × smouthii*. Das ist eine kleine, aufrecht wachsende, robuste Staude mit mohnähnlichem, fein geschnittenem, dunkelgrünem Laub. Ihre Blüten sind karminrot mit nach innen gebogenen Blütenblättern. *Paeonia × smouthii* ist ein wunderbarer Gartenschatz, denn sie bringt vier Wochen lang unermüdlich neue Knospen und Blüten hervor.

Höhe: 50 cm
Blüte: 7–9 cm, rot, ohne Duft
Blütezeit: sehr früh bis mittel.

Chinesische Pfingstrose
Paeonia lactiflora

Das kaiserliche China ist das Land mit der ältesten Gartenkultur der Welt und so ist es kein Wunder, dass die chinesisch-mongolische P. lactiflora bereits seit 3 000 Jahren im Reich der Mitte kultiviert und in der Kreuzungsarbeit verwendet wird. Aber erst im letzten Drittel des 18. Jahrhunderts lernten auch europäische Botaniker diese Wildpäonie kennen, und damals erhielt sie den lateinischen Namen *lactiflora*, was so viel heißt wie »die Milchblütige«.
Gestalt: Bei einer Spezies, die seit so langer Zeit kultiviert

wird, ist es verständlicherweise schwierig, die ursprüngliche wilde Art zweifelsfrei zu identifizieren. Ein wichtiges Merkmal ist, dass die Blüten zu zweit oder dritt an den Stielen stehen und nacheinander aufblühen. *P. lactiflora* blüht als späteste von allen botanischen Staudenpäonien.

Sorten: Diese späte Blütezeit und den wunderbaren Duft hat sie den von ihr abstammenden Edelpäonien-Sorten vererbt.

Höhe: 50–60 cm
Blüte: 7–10 cm, weiß oder rosa, delikater Duft
Blütezeit: spät.

Historische Staudenpfingstrosen

Die in der zweiten Hälfte des 19. bis Anfang des 20. Jahrhunderts in Europa entstandenen Päoniensorten sind heute Geschichte. Aber wie die historischen Rosen, so sind auch die historischen Päonien – was Duft und Schönheit der Blüte angeht – bis heute unübertroffen.
Ich könnte mir sogar vorstellen, dass sich Amateure wieder stärker für diese alten Sorten begeistern, die oft unerkannt in alten Gärten stehen. Das Schönheitsideal bei diesen Sorten, die zuerst in Frankreich aus den importierten Lactiflora-Päonien

gezüchtet und als *Paeonia sinensis* angeboten wurden, waren elegante, meist **zurückhaltende Farben,** Fülle der Blütenblätter und **Duft.**
Praktische Eigenschaften wie Standfestigkeit der Blütenstiele und Straffheit des Wuchses spielten für die erste europäische Züchtergeneration keine große Rolle. Daher brauchen historische Staudenpäonien meistens eine solide Stütze. Eine für die Gartengestaltung bedeutsame Eigenschaft ist ihre **späte Blütezeit.** Einige der berühmtesten Sorten stelle ich nun vor und erwähne jeweils botanische Herkunft, Züchter, Land und Jahr der Einführung.

Paeonia lactiflora 'Albert Crousse'

'Albert Crousse'
Paeonia lactiflora
(Crousse, Frankreich 1893)

Diese bewährte Gartensorte ist eine mittelhohe, breite Staude mit olivgrünem Laub. Die spät erscheinenden Blüten bilden einen flachen, frisch hellrosafarbenen Blütenteller aus perfekt geformten Blütenblättern, darauf sitzt die kugelförmige Krone aus ebenmäßig gerüschten, kleineren Blütenblättern, die im Zentrum fleischfarben sind. Bei

Regen werden die Blütenköpfe schwer und ziehen die Stiele nach unten, daher sollte man die Staude rechtzeitig stützen.

Höhe: 80 cm
Blüte: 12 cm, rosa, ohne Duft
Blütezeit: spät.

'Avalanche'
Paeonia lactiflora
(Crousse, Frankreich 1886)

Diese historische Edelpäonie ist eine der ganz wenigen reich blühenden Sorten mit einer Nachblüte im Sommer, und sie ist zudem noch sehr wüchsig.

Paeonia lactiflora 'Bunker Hill'

Sie bildet eine kompakte Staude mit tiefgrünem, breitlappigem Laub und hervorragend festen Stielen, an denen bis zu vier nach und nach aufblühende zartrosa Knospen stehen. Die zierlichen Blüten bestehen aus einer zartrosa Schale mit hellgelber Füllung und karmin gesprenkeltem weißem Zentrum, das die Fruchtknoten fest verhüllt. Die Blüten strömen nur einen matten Duft aus, aber Wuchsform, Blüte und Nachblüte machen 'Avalanche' zu einer der besten Sorten.

Höhe: 80 cm
Blüte: 12 cm, weiß mit karminroten Tupfen, frischer, intensiver Duft
Blütezeit: spät.

'Bunker Hill'
Paeonia lactiflora
(Hollis, USA 1906)

Die Sorte des amerikanischen Züchters George Hollis aus Massachusetts muss man zu den historischen Päoniensorten zählen, denn sie steht noch ganz in der klassischen Züchtungstradition und stammt von chinesischen Lactiflora-Päonien ab. Das Pflanzenmaterial für die ersten amerikanischen Züch-

Paeonia lactiflora 'Avalanche'

tungen stammte aus Frankreich und von Kelways Ltd. in Großbritannien. 'Bunker Hill' bildet eine mittelhohe, gedrungene, standfeste Pflanze mit mattgrünem Laub und reichem Blütenflor. Die lanzettförmigen Blattsegmente sind auffallend gezahnt und nach oben gewölbt. Auf starken Stielen schweben jeweils zu dritt an einem Stiel die kirschroten Blüten knapp über dem Laub. Die Blüten sind flach und locker gefüllt mit großen, am Rand eingebogenen Blütenblättern. Zwischen den Blütenblättern blitzen die goldenen Staubgefäße hervor, die beim Verblühen nach und nach sichtbarer werden.
Die kirschfarbenen Blüten mit dem feinen Duft und den stabilen Stängeln sind sehr gute Schnitt-

Paeonia lactiflora 'Couronne d'Or'

blumen, aber 'Bunker Hill' ist auch eine ausgezeichnete Beetstaude.

> **Höhe:** 70 cm
> **Blüte:** 10 cm, kirschrot, leicht duftend
> **Blütezeit:** mittel.

Paeonia lactiflora 'Festiva Maxima'

'Couronne d'Or'
Paeonia lactiflora
(Calot, Frankreich 1873)

Eine meiner Lieblingssorten ist diese seltene alte Päonie mit langer Blütezeit und einem warmen Honigduft. Sie stammt wie 'Duchesse de Nemours' aus der ersten Serie von zwanzig Staudenpäoniensorten, die in Frankreich noch mit dem Pflanzenbestand der Kaiserin Josephine von Jacques Calot gezüchtet wurde.
Die Staude wächst aufrecht und hat mattgrünes wunderschönes Laub. Sie blüht überreich mit elfenbeiweißen, voll gefüllten Blüten, die sich hervorragend als Schnittblumen eignen. Die gewellten Blütenblätter sind dachziegelartig übereinander geschichtet; zwischen ihnen schimmert ein Ring goldener Staubblätter, der sich um die inneren, karmingerandeten, kleinen Blütenblätter schlingt. Dieser auffallende goldene Ring schimmert bereits aus der Knospe hervor. Die lange Blütezeit der 'Goldkrone' dauert bis spät in den Juni.

> **Höhe:** 80 cm
> **Blüte:** 14 cm, elfenbeinweiß, ohne Duft
> **Blütezeit:** mittel bis spät.

'Duchesse de Nemours'
Paeonia lactiflora
(Calot, Frankreich 1856)

Das ist die allererste von Jacques Calot's Päonienzüchtungen und sie gehört zu den edelsten Päonien überhaupt. Aber leider sind die über 100 cm hohen Blütenstiele dieser ausgesprochenen Liebhabersorte nicht sehr standfest. Die hoch und schmal gewachsene Staude hat mattgrünes, großblättriges Laub. An den hohen Stielen sitzen jeweils drei gefüllte, perfekt gerundete Blütenschalen in Schneeweiß, das zur Blütenmitte hin zartgelb schimmert. Die Blüten strömen einen frischen zitronigen Duft aus und lassen an eine Schale mit Zitroneneis denken (Abb. S. 16).

> **Höhe:** 80–100 cm
> **Blüte:** 13 cm, weiß, frischer Duft mit Zitronennote
> **Blütezeit:** spät.

'Festiva Maxima'
Paeonia lactiflora
(Miellez, Frankreich 1851)

Diese Sorte ist ein weit verbreiteter Päonienklassiker. Sie bildet eine üppige Pflanze mit lockerem Wuchs und reichem, hellgrünem Laub mit breitovalen Blattsegmenten. Drei karmesin geflammte weiße Knospen trägt jeder Stiel. Die langen Blütenstiele hängen etwas über und können gerade noch die Blüten tragen. Die Blüten sind reinweiß mit elfenbeinfarbenem Untergrund. Die kleineren Blütenblätter im Zentrum sind karmin geflammt. Die Blütenform ist eine unregelmäßig gefüllte Kugel. 'Festiva Maxima' ist eine herrlich langstielige Schnittsorte, die wegen ihrer Vitalität noch heute eine der begehrtesten Sorten ist.

Höhe: 80 cm
Blüte: 12 cm, weiß, sehr guter typischer Päonienduft
Blütezeit: mittel.

'Karl Rosenfield'
Paeonia lactiflora
(Rosenfield, USA 1908)

Diese reich blühende Beetsorte bildet eine nur mittelhohe, aufrechte Staude mit frischgrünem, zierlichem Laub. Die ovalen Blattsegmente stehen an pupurfarbenen Blattstielen, die Blüten ragen deutlich über das Laub hinaus. Die ballförmig gefüllten, duftig zerzausten Blüten sind von einem leuchtenden, blau-stichigen Rot. Manchmal haben die Blütenblätter einen zarten weißen Rand.
Die breiten äußeren Blütenblätter sind gewellt und nach innen gebogen. Sie umhüllen die dicht stehenden, schmaleren, inneren Blütenblätter und die gut sichtbaren goldenen Staubgefäße.
Die Sorte ist sehr gut für die Vase geeignet und wird häufig als Schnittblume im Handel angeboten (Foto siehe Seite 4 unten). Als Beetstaude sollte man 'Karl Rosenfield' nur neben Stauden mit klaren Farben pflanzen. Als eine der wenigen Staudenpäonien eignet sie sich auch als Kübelpflanze.

Höhe: 70 cm
Blüte: 14 cm, rot, zarter würziger Duft
Blütezeit: mittel.

'Kelway's Glorious'
Paeonia lactiflora
(Kelway, Großbritannien 1909)

Diese zuverlässig blühende alte englische Sorte ist eine Legende und wird zum Glück noch heute kultiviert. Sie bildet nach längerer Zeit des Einwachsens schöne breite Stauden von mittlerer Höhe mit einem Meer von Blüten.

Das Laub ist dunkelgrün, groß gelappt und gesund. An kräftigen Stielen stehen bis zu vier exzellente artischockenförmige, große Knospen. Sie öffnen sich zu schalenförmigen, gefüllten Blüten in reinem Weiß mit cremefarbener Mitte. Die äußeren Kelchblätter behalten ihren warmen rötlichen Schimmer. Den Blüten entströmt ein zarter herber Rosenduft. Die Sorte ist sehr gut zum Schnitt geeignet; bei anhaltendem Regen sollte man die Blüten abschneiden, denn sie saugen sich voll Wasser und halten trotz der kräftigen Stiele nicht stand.

Höhe: 80 cm
Blüte: 13 cm, weiß, Rosenduft
Blütezeit: mittel bis spät.

Paeonia lactiflora 'Kelway's Glorious'

Paeonia lactiflora 'Lady Alexandra Duff' als Knospe und als Blüte.

'Lady Alexandra Duff'
Paeonia lactiflora
(Kelway, Großbritannien 1902)

Diese historische Liebhabersorte wächst breit und kompakt zu einer relativ niedrigen Staude heran. Ihr graugrünes Laub bildet einen schönen Kontrast zum Muschelrosa der formvollendeten, locker gefüllten Blüten. Die kelchförmig geformten äußeren Blütenblätter fassen eine Füllung aus unregelmäßig angeordneten kleineren Blütenblättern mit eleganten braunroten Einsprengseln. Dazwischen leuchten viele goldene Staubblätter und im Verblühen auch ein olivgrüner Stempel mit roter Narbe hervor. Den Blüten entströmt ein betörender Duft! Die Triebe mit bis zu drei der schweren Blüten an einem Stiel sollten rechtzeitig gestützt werden, damit sie während der langen Blütezeit nicht den Halt verlieren.

Höhe: 70 cm
Blüte: 16 cm, muschelrosa, starker Duft
Blütezeit: mittel bis spät.

'Le Cygne'
Paeonia lactiflora
(Lemoine, Frankreich 1907)

Tatsächlich erinnern die reinweißen, überreich und fedrig gefüllten Blütenbälle dieser klassischen Päonie an das Gefieder eines Schwans, wie der französiche Name es assoziiert. Die breite, standfeste Staude hat üppiges, kniehohes, grau- bis dunkelgrünes Laub und trägt mehrere Blüten an einem Stiel. Je weiter die rosenförmigen Blüten mit den gleichmäßig geformten Blütenblättern sich öffnen, desto mehr zeigt sich ein goldener Schimmer im Zentrum. Die Fruchtknoten mit ihren roten Narben sind von den inneren Blütenblättern fest umhüllt. 'Le Cygne' ist eine sehr gute Sorte mit starkem würzigem Duft.

Höhe: 70 cm
Blüte: 15–16 cm, reinweiß, würziger Duft
Blütezeit: mittel.

Paeonia lactiflora 'Le Cygne'

Paeonia-Hybride 'Mai Fleuri'

'Mai Fleuri'
P. lactiflora × P. wittmanniana
(Lemoine, Frankreich 1905)

Obwohl diese Sorte keine Lacti-flora-Päonie ist, sondern eine Hybride, muss man sie »histo-risch« nennen, denn sie ist eine der drei ersten Sorten, die aus der Kreuzung zwischen zwei verschiedenen Päonienarten entstanden ist. Dem französischen Züchter Victor Lemoine gelang erstmals diese Kreuzung so genannter Wittmanniana-Hybriden. Sie blühen vier Wochen vor den klassischen Edel-päonien schon Mitte Mai und bilden üppige wüchsige Stau-den von mittlerer Höhe. 'Mai Fleuri' hat sehr breitlappiges, weiches, gelbgrünes Laub, das zum Wachstumsbeginn purpurn schimmert. Die kleinen Blüten stehen frei über dem Laub und sind von einem durchschim-mernden, rahmfarbenen bis cremegelben Weiß mit lachs-farbenen Adern und rosigem Hauch. Die sechs bis sieben Blütenblätter sind am Rand etwas eingekerbt und bilden eine einfache flache Schale. Auffallend ist das kontrastrei-che Innenleben der Blüte: Gold-gelbe Staubblätter stehen auf dunkelroten Staubfäden und umgeben cremefarbene Frucht-knoten mit schwarzvioletten Narben.

Diese historische Päonienhy-bride eignet sich für den halb-schattigen Gehölzrand und sie belohnt den Gärtner mit einer langen Blütezeit von mehr als drei Wochen.

Höhe: 60 cm
Blüte: 8 cm, weiß mit rosa Hauch, Duft
Blütezeit: früh bis mittel.

'Mme de Verneville'
Paeonia lactiflora
(Crousse, Frankreich 1885)

Diese kostbare Duftsorte ist bezaubernd sowohl als Schnitt-blume wie auch als Beetstaude. Die breiten überhängenden Stauden wachsen schnell und blühen reich. An den bis zu 120 cm langen, hellgrünen Blütenstielen sitzen bis zu vier anmutige Blüten.

Die großen äußeren, hellcreme-farbenen Blütenblätter tragen einen Ball aus rosa angehauch-ten kleinen Blütenblättern, die sich beim Aufblühen wie ein

Paeonia lactiflora 'Mme de Verneville'

Paeonia lactiflora 'Monsieur Jules Elie'

Krönchen aus der Blüte schieben. Wenn man Glück hat, kann man diese nach Rosen duftende Sorte auch als Schnittblume erwerben.

Höhe: 80 cm
Blüte: 13 cm, cremeweiß und rosa, Rosenduft
Blütezeit: spät.

Paeonia lactiflora 'Sarah Bernhardt'

'Madelon'
Paeonia lactiflora
(Dessert, Frankreich 1922)

Eine nur kniehohe, schöne, rundliche Staude mit starken Blütenstielen trägt bis zu zwanzig Blüten auf kurzen Stielen über dem dichten Busch. Die voll gefüllten Blüten sind hellrosa mit karmesinfarbenen Einsprengseln im Zentrum. Sehr schön schimmern dazwischen die goldenen Staubblätter hervor. Foto siehe Seite 89 oben.

Höhe: 50–70 cm
Blüte: 12 cm, hellrosa mit karmesin, guter Duft
Blütezeit: spät.

'Monsieur Jules Elie'
Paeonia lactiflora
(Crousse, 1882)

Wer eine hoch wachsende Sorte im klassischen Rosa mit wahrhaft gewaltigen Blütenköpfen sucht, der sollte 'Monsieur Jules Elie' wählen. Nicht nur der Blütenteller misst 18 cm im Durchmesser, sondern auch die darauf ruhende Kugel aus kleineren Blütenblättern ist fast ebenso hoch. Jedes Blütenblatt dieser silbrig rosafarbenen Blüte schmiegt sich an die Rundung

der Blütenkugel. Die Blüten stehen zahlreich an der hohen Staude mit dem ausdrucksvollen tiefgrünen Laub mit großen Blattsegmenten.

Höhe: 90–120 cm
Blüte: 18 cm, silbriges Rosa, starker Duft
Blütezeit: mittel.

'Sarah Bernhardt'
Paeonia lactiflora
(Lemoine, Frankreich 1906)

Diese Sorte werden die meisten Päonienliebhaber als Schnittblume kennen, denn sie ist die Favoritin der Floristen. Aber auch als Gartenpflanze ist 'Sarah Bernhardt' eine sehr attraktive Staude. Sie wächst hoch, mit schmalen matt olivgrünen Blättern. Bis zu sechs Knospen sitzen an jedem Stiel in ihren rosa-karmesin gesprenkelten Hüllblättern. Sie öffnen sich zu spektakulären Blüten von bis zu 20 cm Durchmesser in reinem Rosa. Dicht gefüllte Blütenkugeln liegen auf rosa Blütentellern, in der Mitte schimmert ein kleines Krönchen aus Staubgefäßen. Diese berühmte Sorte mit wunderbarem Duft und später Blüte wird von den meisten Päonienspezialisten angeboten.

Höhe: 95 cm
Blüte: 16–20 cm, rosa, starker Duft
Blütezeit: spät.

'Solange'
Paeonia lactiflora
(Lemoine, Frankreich 1907)

Eine der perfektesten Päonienblüten bringt 'Solange' hervor in einem seltenen, exquisiten zarten Farbton. Die Sorte bildet mittelhohe, locker wachsende Stauden mit graugrünem Laub und roten Stielen. Ein bis zwei weiße Knospen trägt jeder Stiel. Sie gehen zu großen regelmäßig und dicht gefüllten becherförmi-gen Blüten in zartem Muschel-rosa auf, das sich im Blütenzentrum lachsrosa bis karmesin verdichtet. Aus diesem Blütenzentrum wächst schließlich eine Krone aus kleinen Blütenblättern hervor. Die Hüllblätter der Knospen sind karmesin geädert. 'Solange' blüht spät und verströmt einen herbes Aroma. Bei anhaltendem Regen legen sich die Triebe mit den schweren Blüten leider um, daher sollte man die Pflanze rechtzeitig stützen.

Höhe: 70 cm
Blüte: 15–16 cm, chamois, ohne Duft
Blütezeit: spät.

Paeonia lactiflora 'Solange'

Japanische Staudenpfingstrosen

Diese Staudenpäonien mit einer ganz besonderen Blütenform müssen nicht aus Japan stammen, aber die meisten Sorten dieser Gruppe wurden in Japan gezüchtet. Bei den Staudenpäonien japanischen Typs wurden die Staubgefäße durch Züchtung und Auslese in Blütenblättchen, -bänder oder -fäden (Petaloiden) verwandelt, welche die Blütenschale füllen. Diese Form der Päonienblüte entstand in Japan und wurde dort auch **Imperialblüte,** also kaiserliche Blüte, genannt. Füllen die **Petaloiden** die Blütenschale ganz und gar aus, so spricht man von einer **anemonenblütigen** Sorte. Bei den meisten Sorten japanischen Typs sind die Blütenschalen anders gefärbt als die Füllung. Dadurch entsteht eine sehr bunte, auch aus der Ferne leuchtende Farbwirkung. Begeistert wurde dieser Blütentypus in der ersten Hälfte des 20. Jahrhunderts in den USA aufgenommen, und es entstanden hauptsächlich bei amerikanischen Züchtern zahlreiche weitere Sorten japanischen Typs, von denen einige auch in Europa sehr beliebt wurden, wie zum Beispiel 'Carrara'. Botanisch stammen alle Päo-

Paeonia lactiflora 'Bowl of Beauty'

Höhe: 90 cm
Blüte: 15 cm, rosa mit hell-
gelber Füllung, ohne Duft
Blütezeit: sehr spät.

'Ginko Nishiki'
Paeonia lactiflora
(Japan)

Bereits der Frühjahrsaustrieb
dieser japanischen Sorte ist
eine kleine Gartensensation,
denn er ist leuchtend orangerot.
Auch die Blüte ist etwas Besonderes, denn 'Ginko Nishiki' hat
ganz außergewöhnlich kleine,
margeritenförmige Blüten. Eine
doppelte Reihe dunkelrosa und
weißer Blütenblättchen bildet

Paeonia lactiflora 'Fairbanks'

nien japanischen Typs von den
Lactiflora-Päonien ab, daher
blühen sie – ebenso wie die
historischen Päonien – meistens
spät.

'Bowl of Beauty'
Paeonia lactiflora
(Hoogendoorn, Holland 1949)

Diese relativ niedrige Staudenpäonie mit ledrigen, lanzettförmigen Blattsegmenten ist sowohl als Beetpflanze wie als
Schnittblume geeignet. Die
weithin auffallenden großen
und zahlreichen Blüten stehen
zu zweit auf kräftigen Stielen.
Die Blüten bestehen aus einer
zweireihigen Blütenschale in
Altrosa und einer Füllung aus
hellgelben oben zugespitzten
Blütenbändern. Sehr hübsch

kontrastiert der rote Fruchtknoten.

Höhe: 65 cm
Blüte: 15–16 cm, altrosa mit
hellgelber Füllung, ohne Duft
Blütezeit: spät.

'Fairbanks'
Paeonia lactiflora
(Auten, USA 1945)

Diese reich blühende japanische
Sorte aus den USA bildet eine
locker wachsende hohe Staude
mit großen tiefgrünen Blättern.
Die großen, tiefrosa Blütenscha-
len sind gefüllt mit einem flachen
Tuff aus hellgelben Blütenfäden.
'Fairbanks' blüht sehr spät im
Juni und verlängert den Päonien-
sommer.

Paeonia lactiflora 'Karafune'

einen flachen, gerüschten Teller, in dessen Mitte ein dicker Tuff aus goldgelben Petaloiden steht (siehe Foto Seite 10). 'Nishiki' weist in den japanischen Sortennamen auf Flecken oder Streifen hin, und tatsächlich wirken die Blütenblätter dieser Sorte rot und weiß gestreift. Die aufrechte, stabile Staude mit hell graugrünem Laub trägt die kleinen zahllosen Blüten mühelos durch ihre lange Blütezeit. In den USA wird diese Sorte unter dem Namen 'Peppermint Stick' angeboten.

Höhe: 70 cm
Blüte: 9 cm, dunkelrosa und weiß, ohne Duft
Blütezeit: mittel bis spät.

'Karafune'
Paeonia lactiflora
(Japan)

Diese reich blühende alte japanische Sorte bringt mittelhohe Stauden mit tief dunkelgrünem üppigem Laub hervor. Die großen Blattsegmente ähneln Kartoffelblättern. Die Blüten zeigen außen eine flache, zartlila angehauchte Blütenschale. Die Füllung besteht aus einem großen, halbkugelförmigen Tuff cremefarbener Blütenblättchen.

Höhe: 70 cm
Blüte: 14 cm, zartlila mit weißer Füllung, ohne Duft
Blütezeit: mittel.

'Krinkled White'
Paeonia lactiflora
(Brand, USA 1928)

Weder zu den historischen noch zu den japanischen, geschweige denn zu den Hybriden gehört diese Sorte. 'Krinkled White' ist vielmehr eine moderne einfach blühende Lactiflora-Päonie. Aber sie darf in dieser Sammlung nicht fehlen, denn für viele Päonienliebhaber ist sie die absolute Favoritin unter den einfach blühenden Päonien. Die robuste Sorte wächst in wenigen Jahren zu einer ansehnlichen, mittelhohen buschigen Staude heran. Ihre späte und sehr reiche Blüte verlängert die Päoniensaison in den Sommer hinein. Über dem leuchtend grünen Laub erheben sich zahlreiche einfache, milchweiße Schalen aus leicht gewellten Blütenblättern. Die am Rand leicht eingerissenen Blütenblätter sehen aus wie aus Seidenpapier gemacht. Die üppige Blütenmitte besteht aus dicken goldgelben Staubbeuteln. Den anmutigen Blüten entströmt ein frischer Seerosenduft. 'Krinkled White' hält in der Vase vierzehn Tage, alle Seitenknospen gehen auf.

Höhe: 80 cm
Blüte: 12 cm, weiß, Seerosenduft
Blütezeit: spät bis sehr spät.

Paeonia lactiflora 'Krinkled White'

Paeonia lactiflora 'Neon'

Petaloiden sind ihrerseits gold-farben gesprenkelt und ge-randet, was ihnen eine große Leuchtkraft verleiht. Da jede Staude eine große Anzahl von Blüten hervorbringt, wird der fröhliche farbliche Knalleffekt vervielfacht. 'Neon' ist eine auf-recht wachsende Sorte mit leuchtend grünem Laub.

Höhe: 90 cm
Blüte: 12 cm, rosalila mit roter Füllung, zarter Duft
Blütezeit: spät.

'Meigetsuko'
Paeonia lactiflora
(Japan)

Eine doppelte Reihe rundlicher Blütenblätter in einem warmen reinen Rosa bilden eine leicht nach innen gebogene perfekte Blütenschale. Ein großer Pom-pon aus hellgelben, später wei-ßen Blütenfäden bildet die Fül-lung, die mit den dunkelroten Fruchtknoten zauberhaft kon-trastiert. Jede Blüte sieht aus wie ein frühlingsfrischer Blu-menstrauß. Für diese wunder-schöne japanische Päonie, deren Name 'Mondstrahl' bedeutet, habe ich bis jetzt noch keine Bezugsquelle gefunden, was bedauerlich ist, denn die Stau-den sind niedrig und standfest und sehen mit ihrem fein geglie-derten Laub in der Rabatte gut aus (siehe Foto S. 89 unten).

Höhe: 55 cm
Blüte: 8 cm, rosa mit weißer Füllung, zitroniger Duft
Blütezeit: spät.

'Neon'
Paeonia lactiflora
(Nicholls, USA 1941)

Nicht umsonst ist 'Neon' die wohl bekannteste Sorte japanischen Typs, denn die auffallende Fär-bung ihrer Blüten vergisst man nicht. Sie erinnert tatsächlich an die in den vierziger und fünfziger Jahren so beliebte Neonreklame. Eine rosalila Blütenschale ist gefüllt mit einem Tuff aus signal-roten Blütenbändern. Diese

'Show Girl'
Paeonia lactiflora
(Hollingsworth, USA)

Don Hollingsworth betreibt eine Nursery in Missouri und ist

Paeonia lactiflora 'Show Girl'

einer der gegenwärtig bekanntesten Päonienzüchter. Bei ihm kann man hochpreisige Staudenpäonien und Itoh-Hybriden kaufen. Sein 'Show Girl' blüht erst ab Mitte Juni vierzehn Tage lang und beschließt Ende Juni die Päoniensaison. Eine aufrechte Staude mit auffallend großen, hellgrünen Blattsegmenten trägt zahlreiche Blütenknospen, die nach und nach aufgehen. Eine kräftig pinkfarbene, tiefe Blütenschale aus zwei Reihen runder glatter Blütenblätter umhüllt ein Knäuel goldfarbener, schmaler Blütenbänder. Dieser Blüte, die bis zum Verblühen ihr strahlendes Pink behält, entströmt ein wunderbarer Rosenduft.

Höhe: 80 cm
Blüte: 12 cm, pink, Rosenduft
Blütezeit: sehr spät bis Ende der Saison.

'Sword Dance'
Paeonia lactiflora
(Japan)

Diese spät blühende Sorte japanischen Typs bildet niedrige Stauden mit sehr dunklem Laub. Die Blüten bestehen aus einer dunkelgranatroten Blütenschale, die von runden, regelmäßig geformten Blütenblättern gebildet wird. Wie Schuppen reihen sich die Blütenblätter aneinander. Die granatrote Blütenschale ist zur Gänze ausgefüllt mit karminrosa und goldenen Blütenbändern, die wohl in ihrer geraden Gestalt an Schwerter erinnern sollen. 'Sword Dance' duftet zart nach Zimt.

Höhe: 70 cm
Blüte: 14 cm, granatrot mit karminrosa Füllung, zarter Duft
Blütezeit: sehr spät.

'Tsingtau'
Paeonia lactiflora
(Japan)

Nur selten sind japanische und chinesische Päonien nach Orten benannt und daher bildet diese Sorte mit dem Namen einer Hafenstadt im chinesischen Päonienzentrum Shandong eine Ausnahme. Diese alte Sorte bleibt niedrig und bildet eine dichte, rundliche, auch bei Regen aufrechte Staude. Lila-rosa Blütenschalen enthalten eine gelbliche, später cremeweiße Füllung aus eingebogenen Blütenbändchen. Im Blütenzentrum stehen auffallende gelbgrüne Fruchtknoten mit roten Narben.

Paeonia lactiflora 'Sword Dance'

Höhe: 70 cm
Blüte: 15 cm, lila-rosa mit cremeweißer Füllung, herber Pflanzenduft
Blütezeit: spät.

Paeonia lactiflora 'Tsingtau'

Staudenpfingstrosen von deutschen Züchtern

Wie bereits berichtet, entstanden die meisten deutschen Sorten bei Goos & Koenemann. Die Blütezeit dieser Lactiflora-Päonien ist meistens spät, ebenso wie die Blütezeit der von Heinz Klose hervorgebrachten Päonien. Alexander Steffen dagegen züchtete Hybriden mit früher Blütezeit, ebenso wie Klaus Bachmann und – in jüngster Zeit – die Gräfin von Zeppelin.

Paeonia-Hybride 'Geratal'

'Alexandra'
P. lactiflora × *P. peregrina*
(Steffen, Deutschland, Zulassung zum Handel 1962)

Diese wahrscheinlich in den vierziger Jahren entstandene Staudenpäonien-Hybride ist von beeindruckender Reichblütigkeit, Schönheit und Fernwirkung. Die hohen, kompakten, starken und breitbuschigen Stauden tragen bis zu sechzig Blüten. Auch die einzelne Blüte ist bezaubernd: eine karmesinrote doppelte Blütenschale umgibt ein Nest von auffallend drahtig gebogenen Staubgefäßen. In diesem goldenen »Nest« stehen die grünen Stempel. Foto siehe Seite 22.

> **Höhe:** 80 cm
> **Blüte:** 14 cm, karmesinrot, ohne Duft
> **Blütezeit:** früh.

'Geratal'
P. lactiflora × *P. peregrina*
(Bachmann, Deutschland 1974)

Diese Päonienhybride wurde mit dem vorhandenen Züchtungsmaterial von Dr. h.c. Alexander Steffen eingekreuzt. Der Züchter von 'Geratal' ist **Klaus Bachmann,** damaliger Leiter eines Staudenbetriebes in der Blumenstadt Erfurt. 'Geratal' wurde 1974 angemeldet und nach der Prüfung von der Zentralstelle für Sortenwesen der DDR in Nossen zum Handel zugelassen. 'Geratal' ist eine wüchsige und gesunde Sorte mit früher Blütezeit. Sie bildet eine Staude von 100 cm Höhe mit schmalen, hellgrünen Blattsegmenten und einer dunkelrosafarbenen Blüte. Deren länglich gewellte Blütenblätter bilden in lockerer doppelter Reihe einen großen flachen Blütenteller, der einen schönen Kranz goldener Staubgefäße präsentiert. Im Zentrum erheben sich grüne Stempel mit roten Narben. Die beschwingte, anmutige Blüte ist ohne Duft. 'Geratal' wurde für kurze Zeit in der BRD unter dem Namen **'Alexander Steffen'** geführt.

> **Höhe:** 90–100 cm
> **Blüte:** 15 cm, dunkelrosa, ohne Duft
> **Blütezeit:** früh.

'Gretchen'
Paeonia lactiflora
(Goos & Koenemann, Deutschland 1911)

Diese wohl berühmteste aller Goos & Koenemann-Sorten wächst niedrig, breitbuschig

Paeonia lactiflora 'Königswinter'

und gedrungen und bedarf keiner Stütze. Die zahlreichen elfenbeinweißen Blüten in Rosenform stehen auf straffen, festen Stielen knapp über dem maiengrünen Laub (siehe Foto Seite 1). Die Knospen sind lichtfleischfarben und öffnen sich Ende Mai. In der Originalbeschreibung im Katalog von 1914 heißt es: »In dieser Sorte verkörpert sich die vollendete Schönheit einer edelsten Päonie, und wir sind überzeugt, dass dieselbe überall ungeteilte Anerkennung finden wird ... Für Anpflanzung in Gruppen an landschaftlich bevorzugtem Platz eignet sich diese Sorte ihrer Reichblütigkeit und ihres vorzüglichen Wuchses wegen ganz besonders.«

Höhe: 60 cm
Blüte: 11 cm, weiß mit fleischfarbenem Hauch, ohne Duft
Blütezeit: spät.

'Holbein'
Paeonia lactiflora
(Goos & Koenemann,
Deutschland 1910)

Eine der schönsten Malerpäonien ist 'Holbein'. Sie bildet hohe, kompakt wachsende Stauden mit standfesten Blü-

tenstielen sowie reicher und lang anhaltender Blüte. Schon vor der Blütezeit erfreut das charakteristische Laub mit den rötlichen Trieben. Die schmalen Blattsegmente sind rot gerandet mit nach oben gewölbtem und gewelltem Blattrand. Die flachen Blütenschalen sind der Inbegriff der einfachen Päonienblüte. Sie bestehen aus einer einfachen bis doppelten Reihe von hellseidigen rosa Blütenblättern. In ihnen ruht ein Ball aus goldgelben Staubgefäßen, auf dem sich unentwegt die Bienen tummeln. Foto siehe Seite 19.

Höhe: 80 cm
Blüte: 14 cm, hellrosa, ohne Duft
Blütezeit: mittel.

'Königswinter'
Paeonia lactiflora
(Goos & Koenemann,
Deutschland 1912)

Diese gelungene Sorte aus der Städte-Serie ist etwas für kleine Gärten, denn sie bildet gedrungene Stauden von einem halben Meter Durchmesser mit zahlreichen großen Blüten. Das Laub ist leuchtend grün und lanzettlich gefiedert, die Stiele sind kräftig und tragen jeweils drei Blüten knapp über dem Laub. Besonders schön sind die weißgrünen Knospen, die sich zu zartlila überhauchten weißen Blüten öffnen. Die Blüten in hoher geschlossener Päonienform sind gefüllt; sie verlieren im vollen Aufblühen den lila

Paeonia lactiflora 'Rembrandt'

hin auf durch ihr leuchtendes Blutrot mit Atlasglanz. Sie bestehen aus einer einfachen, manchmal auch doppelreihigen Blütenschale, die in bezauberndem Kontrast zu den üppigen goldenen Staubgefäßen und den goldene Fruchtknoten mit den rosa Narben stehen.

Höhe: 110 cm
Blüte: 13 cm, blutrot, ohne Duft
Blütezeit: mittel.

'Rubinschale'
Paeonia-Hybride
(v. Zeppelin, Deutschland 1978)

Diese in der Staudengärtnerei Gräfin von Zeppelin entstandene Staudenpäonien-Hybride bildet mehr breit als hoch wach-

Paeonia-Hybride 'Rubinschale'

Schimmer und werden ganz weiß. Ihnen entströmt ein zarter würziger Duft. Hervorzuheben ist die späte und lange Blütezeit von 'Königswinter'. Manchmal zeigt sie sogar im Sommer eine Nachblüte.

Höhe: 65 cm
Blüte: 14 cm, weiß mit lila Hauch, zarter Duft
Blütezeit: spät mit Nachblüte.

'Margarete Klose'
Paeonia lactiflora
(Klose, Deutschland 1972)

Die erste in seiner Staudengärtnerei entstandene Lactiflora-Päonie nannte der Züchter Heinz Klose nach seiner Mutter. 'Margarete Klose' ist eine der am spätesten blühenden Päonien überhaupt. Die Blüten stehen aufrecht und frei über dem matt-

grünen Laub. Über einem Blütenteller aus perfekten rosa Blütenblättern erhebt sich eine Krone aus schmaleren Blütenblättern, die cremefarben und rosa schattiert sind. Die stark gefüllten Blüten duften wunderbar. Foto siehe Seite 21.

Höhe: 80 cm
Blüte: 14 cm, dunkelrosa, duftend,
Blütezeit: sehr spät.

'Rembrandt'
Paeonia lactiflora
(Goos & Koenemann, Deutschland 1920)

Eine hoch und kräftig wachsende Sorte ist 'Rembrandt' mit hellgrünen, schmal gefiederten Blättern. Die Blüten stehen knapp über dem Laub zu viert an einem Stiel und fallen weit-

sende, üppig hellgrün belaubte Stauden mit breit gelapptem Laub. In der zweiten Maihälfte erscheinen auf stabilen Stielen die einfachen, leuchtend rubinroten Blütenschalen mit goldgelben Staubgefäßen und grasgrünen Fruchtknoten.

Höhe: 50 cm
Blüte: 13 cm, rot, ohne Duft
Blütezeit: mittel.

Paeonia lactiflora 'Schwindt'

'Schwindt'
Paeonia lactiflora
(Goos & Koenemann, Deutschland 1919)

Ein dunkleres Rosa als 'Holbein' zeigt diese reich und lange blühende Maler-Sorte. Sie bildet hohe Stauden mit starkem, sattgrünem Laub. Die karminrosa Blüten mit silbrigem Rand sitzen jeweils zu dritt an einem Stiel. Im Aufblühen bilden sie perfekt geformte Becher, bevor sie zu einfachen, flachen Blütenschalen aufgehen. Die goldgelben Staubgefäße bilden einen üppigen Tuff in der Blütenmitte.

Höhe: 95 cm
Blüte: 14 cm, karminrosa, zarter Duft
Blütezeit: mittel-spät.

'Wiesbaden'
Paeonia lactiflora
(Goos & Koenemann, Deutschland 1911)

Die Züchter hielten diese Sorte für eine ihrer drei besten Staudenpäonien. In den Katalogen der Firma wurde sie als weithin leuchtende Gruppensorte für große Anlagen empfohlen. Die zahlreichen flachen, gefüllten Blüten schimmern in den Nuancen Weiß, Fleischfarben und Hellrosa sehr lebendig. Diese Farbwirkung wird durch die goldenen Staubgefäße und die länglichen Fruchtknoten mit karmesinroten Narben, die zwischen den Blütenblättern hervorleuchten, noch gehoben. Leuchtend grünes Laub mit großen, elliptischen Blattsegmen-

ten bildet den passenden frischen Hintergrund.

Höhe: 80 cm
Blüte: 13 cm, rosa nuanciert, ohne Duft
Blütezeit: spät.

Paeonia lactiflora 'Wiesbaden'

Moderne amerikanische Staudenpäonien-Hybriden

Der Schwerpunkt der Züchtungsarbeit liegt heute in den USA und in Neuseeland auf der Züchtung von Hybriden, das heißt, es wird mit verschiedenen Staudenpäonien-Arten gekreuzt. Da es immer noch Wildformen gibt, die noch nie zur Züchtung verwendet wurden, ist diese Zuchtrichtung noch auf lange Sicht für Fachleute und Laien reizvoll. In den USA beschäftigen sich nicht nur Gartenbaubetriebe, sondern auch zahlreiche Liebhabergärtner mit der aufwändigen Züchtungsarbeit. Die neuen Sor-

ten werden laufend von der **Amerikanischen Päonien-Gesellschaft** (American Peony Society) gesichtet und registriert. Staudenpäonien-Hybriden gibt es in allen Farbnuancen von Weiß bis Dunkelrot und von Gelb bis Orange. Alle Korallentöne sind vorhanden, ebenso Rot bis fast Schwarz. Hybriden gibt es mit einfacher, halb gefüllter und gefüllter Blütenform. Sie zeichnen sich gegnüber den historischen Lactiflora-Päonien meist durch **gute Standfestigkeit** aus und heben sich von der ersten Generation der Päonienzüchtungen durch ihre **frühe Blütezeit** ab: Päonien-Hybriden blühen meistens vier bis sechs Wochen vor den Lactiflora-Päonien.

'Bright Knight'
Paeonia-**Hybride**
(Glasscock, USA 1939)

An dieser Sorte ist alles üppig: das Wurzelwerk, der Wuchs, das voluminöse Laub und die Blüten. Bis zu 17 cm messen die einfachen, kugelförmig nach innen gebogenen Blütenschalen im Durchmesser. Ihre Farbe ist ein lebhaftes Scharlachrot mit orangefarbenem Schimmer. In der Blütenmitte thront ein großer Tuff gelber Staubblätter. Im Verblühen bleiben die Blütenblätter an der Blüte und verfärben sich in einem lang dauernden attraktiven Farbenspiel. Sie zeigen rote Streifen und immer neue Schattierungen.

Die *Paeonia*-Hybride 'Bright Knight' zeigt ein aufregendes Farbenspiel im Verblühen.

Paeonia-Hybride 'Carina'

Höhe: 70 cm
Blüte: 14–17 cm, scharlachrot, ohne Duft
Blütezeit: mittel.

'Carina'
Paeonia lactiflora × P. peregrina
(Saunders, USA 1944)

Diese nur mittelhohe, standfeste Beetsorte zeichnet ein sehr schöner geschlossener Wuchs aus. Die dunkelgrünen, schmalgefiederten Blätter stehen ebenso aufrecht wie die starken Blütenstiele. Diese tragen die großen *Trollius*-förmigen Blütenköpfe frei über dem Laub. Die tief samtig roten Blütenblätter der halb gefüllten Blüte leuchten und kontrastieren lebhaft zu dem hellgrünen Fruchtknoten.

Höhe: 70 cm
Blüte: 17 cm, samtig rot, ohne Duft
Blütezeit: früh.

'Claire de Lune'
'Monsieur Jules Elie' ×
P. mlokosewitschii
(White/Wild & Son, USA 1954)

Trotz ihres ätherischen Namens ist diese niedrige Sorte kräftig und reich blühend mit schlanken, stabilen Stängeln. Das großblättrige Laub ist leuchtend grün. Der poetische Name dieser Sorte ist sehr treffend, denn ihre einfache, flache Blütenschale schimmert wie Mondlicht in fahlem Hellschwefelgelb. Von ungewöhnlicher Schönheit sind die leicht gekräuselten Blütenblätter, die dottergelben Staubblätter und die kontrastierenden hellgrünen Staubfäden, die grün-weiß gestreifte Fruchtknoten umgeben. 'Claire de Lune' ist eine der teuersten Päonien-Hybriden und eine ausgesprochene Liebhabersorte.

Höhe: 60 cm
Blüte: 11 cm, hellschwefelgelb, duftend
Blütezeit: früh.

'Coral Charme'
Paeonia lactiflora-**Hybride**
(Wissing-Roy/G. Klehm, USA 1964)

Weit entfernt vom Aussehen der historischen Päonien hat sich diese Staudenpäoniensorte mit modernem Outfit. Mehrere Rei-

Paeonia-Hybride 'Claire de Lune'

Paeonia-Hybride 'Coral Sunset'

'Cytherea'
P. lactiflora × *P. peregrina*
(Saunders, USA 1960)

Diese Sorte gehört zu den vierzig Kreuzungen aus *P. lactiflora* und *P. peregrina,* die Prof. Saunders züchtete. Als Erbe der wilden Eltern zeigen sich ihr niedriger Wuchs und die schmalen, hellgrünen Blattsegmente. Letztere bilden einen kontrastreichen Hintergrund für die auffallende Blüte. Mehrere Reihen intensiv himbeerroter, zum Teil geflammter Blütenblätter bilden eine halb gefüllte, becherförmige große Blüte mit nach innen gebogenen Petalen. Ein dichter Kranz von Staubgefäßen umgibt im Inneren hellgrüne Narben.

Paeonia-Hybride 'Cytherea'

hen gebogener korallenrosa Blütenblätter bilden eine riesige, reifenförmige Blütenschale. Die sehr kompakt wirkende halb gefüllte Blüte beherbergt gelbgrüne Staubgefäße. Der Wuchs dieser Hybride ist breitbuschig. Charakteristisch sind die lanzettlichen Blattsegmente. Foto siehe Seite 17.

> **Höhe:** 80 cm
> **Blüte:** 18 cm, korallenrosa, ohne Duft
> **Blütezeit:** mittel.

'Coral Sunset'
'Minnie Shaylor' × *P. peregrina*
'Otto Froebel'
(Wissing-Roy/G. Klehm, USA 1981)

Diese erst vor rund zwanzig Jahren entstandene hoch wachsende und üppig belaubte Sorte hat eine lange Blütezeit. So kommt es, dass gleichzeitig korallenfarbene Knospen und Blüten, cremefarben verblasste Blüten und grüne Fruchtblätter an der Staude zu sehen sind. Jeder Stiel hat bis zu vier Knospen, die nacheinander aufgehen. 'Coral Sunset' ist im Aufblühen die schönste korallenfarbene Sorte: Eine flache Blütenschale ist rosettenförmig gefüllt mit Blütenblättern in einem warmen, leuchtenden Korallenrosa. Die inneren Blütenblätter sind zum Teil geviertelt wie bei alten Rosen und umrahmen dicke goldgelbe Staubgefäße und olivgrüne Griffel mit korallenfarbenen Narben.

> **Höhe:** 80 cm
> **Blüte:** 16 cm, korallenrosa, ohne Duft
> **Blütezeit:** früh bis mittel.

Paeonia-Hybride 'Orange Glory'

'Cytherea' ist eine lange halten-
de Schnittblume und als Beetstaude eine Liebhabersorte.

Höhe: 50 cm
Blüte: 16 cm, himbeerrot,
ohne Duft
Blütezeit: früh.

'Orange Glory'
P. lactiflora × P. officinalis
(Auten, USA 1956)

Sie bildet eine wüchsige, sehr
hohe Staude mit leuchtend
grünem, üppigem Laub. Aus ihm
ragen sehr große, feuerrote
Blüten weit hervor. Die einfache
Blütenschale besteht aus rund-
lichen Blütenblättern, die leicht
nach innen gebogen sind. Ein
ausdrucksvoller Kranz von gol-

denen Staubblättern auf roten
Staubfäden umgibt rosa Narben,
die auf hellgelben Fruchtknoten
sitzen.

Höhe: 95 cm
Blüte: 18 cm, feuerrot,
ohne Duft
Blütezeit: früh.

'Paula Fay'
(F$_2$-Hybride von Bravura/W. Fay,
USA 1968)

Eine gut proportionierte, gesunde, wüchsige Sorte ist 'Paula
Fay' mit frisch dunkelgrünem
Laub. Ihr Züchter, Orville Fay,
war Geschmacks- und Farb-
experte einer amerikanischen
Bonbonfirma. So ist es sicher
kein Zufall, dass die halb gefüllten Blüten von 'Paula Fay' intensiv bonbonrosa sind. Sie sitzen
auf ganz geraden, festen Stielen.
Die noch fest geschlossenen
grünen Knospen haben schon
rosarote Rändchen. Die Blüten
haben im Aufblühen eine zierliche
geschlossene Becherform aus
mehreren Reihen hochstehender
Blütenblätter. Tief im Blüten-
becher ruhen die goldenen
Staubgefäße.
'Paula Fay' ist eine sehr verbrei-
tete Sorte und gilt als gute Beet-
und Schnittblume.

Höhe: 50 cm
Blüte: 12 cm, bonbonrosa,
ohne Duft
Blütezeit: früh.

'Raspberry Rose'
P. lactiflora × P. officinalis
(Auten, 1956)

Die Sorte bildet niedrige, breit-
buschige Stauden mit durch-
schnittlichem Wachstum und
reicher Blüte. Mattgrünes,
schmalgefiedertes Laub kon-
trastiert mit purpurnen Blütenstielen. Die Blüte besteht aus
einer einfachen, regelmäßig
geformten, weit geöffneten him-
beerroten Schale, die im Verblühen blasser wird. Die Blütenschale ist flach gefüllt mit einer

Paeonia-Hybride 'Paula Fay'

Paeonia-Hybride 'Raspberry Rose'

großen Zahl himbeerroter und weißer Blütenbänder, dazwischen blitzen einige goldene Staubgefäße und olivgrüne Stempel mit roten Narben hervor. 'Raspberry Rose' könnte man auch zu den Päonien japanischen Typs zählen, da fast alle Staubgefäße in Blütenbänder verwandelt sind.

Höhe: 60 cm
Blüte: 12 cm, himbeerrot, ohne Duft
Blütezeit: früh.

'Red Charme'
***P. lactiflora* × *P. officinalis* 'Rubra Plena'**
(Glasscock, USA 1944)

Diese mehr als ein halbes Jahrhundert alte amerikanische Sorte war eine große Sensation zu ihrer Zeit. Zwei Päonienarten miteinander zu kreuzen, deren Blütezeit vier Wochen auseinander liegt, war ein sehr schwieriges Unterfangen. Man musste die Blüte der *P. officinalis* hinauszögern und die Blüte der *P. lactiflora* vortreiben, um eine Bestäubung möglich zu machen. Das gelang als Erstem Lyman Glasscock. Die Blüten dieser erfolgreichen Kreuzung sind

dunkelrot und zuerst halbkugelförmig gefüllt. Im Aufblühen wächst auf einem Teller aus runden, blutroten Blütenblättern eine dichte schwarzrote Kugel aus schmaleren Blütenblättern hervor, die wie eine riesige reife Himbeere aussieht. 'Red Charme' erhielt die Goldmedaille der Amerikanischen Päonien-Gesellschaft für ihre zuverlässige Schönheit, Standfestigkeit und lange Blütezeit.

Höhe: 80 cm
Blüte: 15 cm, dunkelblutrot, leichter guter Duft
Blütezeit: mittel bis spät.

'Red Red Rose'
***P. lactiflora* × *P. peregrina**
(Saunders, USA 1944)

Eine der imposantesten Staudenpfingstrosen ist 'Red Red Rose'. Sie bildet eine hohe und weithin auffallende Staude. Aus dem dunkelgrünen, starken Laub mit den ovalen Blattsegmenten ragen stämmige Blütenstiele hervor. Man sieht der Pflanze mit den strammen Trieben ihre Wüchsigkeit und Vitalität an. Die halb gefüllten, signalroten Blüten sehen aus der Ferne aus wie langstielige, halb gefüllte Rosen.

Paeonia-Hybride 'Red Charme'

Hoch über dem Laub stehen die rosenförmigen Blüten mit nach innen gebogenen Blütenblättern. Ein doppelter bis dreifacher Kranz von leuchtend roten Blütenblättern umsteht einen Tuff gelber Staubblätter. Die hellgrünen Fruchtknoten tragen ausdrucksvolle rosarote Narben. Bei trübem Wetter und abends schließen sich die Blüten. Im Verblühen färben sich die Blütenblätter pink.

Höhe: 85 cm
Blüte: 13 cm, signalrot, ohne Duft
Blütezeit: früh.

'Roselette'
Kreuzung aus *P. lactiflora,*
***P. mlokosewitschii* und**
P. tenuifolia
(Saunders, USA 1950)

Eine mittelhohe, straff aufrechte Staude mit glänzend grünem, stabilem Laub bildet diese Mehrfachhybride. Die länglichen Blattsegmente sind zipfelig eingekerbt. Hoch über dem Laub stehen die einfachen Blütenschalen, die sich abends und bei Regenwetter wieder zu wohlgeformten Knospen schließen. Die großen, am Rand leicht gewellten Blütenblätter haben das zarte Rosa der He-

Paeonia-Hybride 'Roselette'

Paeonia-Hybride 'Red Red Rose'

ckenrose mit karmesinroten Adern. Sie beherbergen einen dichten Kranz goldgelber Staubgefäße und cremefarbene Fruchtknoten mit hochroten Narben. 'Roselette' gehört zu den allerfrühesten Hybriden, sie blüht noch vor den Bauernpfingstrosen, auch der tiefrote Frühjahrsaustrieb erscheint sehr zeitig.

Höhe: 70 cm
Blüte: 9 cm, rosa, zart duftend
Blütezeit: früh.

Arten und Sorten der Strauchpäonie

Alle wilden Strauchpäonien-arten stammen aus China. Es handelt sich um eine kleine Gruppe von etwa zehn strauchi-gen Arten und Unterarten, von denen alle Zuchtformen der chi-nesischen, japanischen, europä-ischen und amerikanischen Strauchpäonien abstammen. Rund 1 000 Sorten von Strauch-päonien gibt es; bei den meisten von ihnen handelt es sich um so genannte **Suffruticosa-Päonien.**

Dieser Begriff gibt nicht – wie sonst üblich – einen Hinweis auf die wilde Päonienart, von der diese Gruppe der Strauchpfingst-rosen abstammt. *»Paeonia suf-fruticosa«* ist vielmehr ein **Sam-melbegriff** für mehrere, zum Teil noch unbekannte wilde chinesi-sche Strauchpäonienarten, die zur Entstehung dieser Züchtun-gen beigetragen haben. Strauchpfingstrosen der Suffru-ticosa-Gruppe wurden überwie-gend von chinesischen und ja-panischen Gärtnern kultiviert, gezüchtet und ausgelesen. In

Europa wurden diese Sorten durch züchterische Arbeit ver-mehrt. Allerdings wurden nicht wenige der asiatischen Sorten bei ihrem Import nach Europa einfach umgetauft und erhielten westliche Sortennamen.

Weiterentwicklung in Japan

Aber während in Europa noch die voll gefüllten chinesischen Sorten bewundert und weiter-gezüchtet wurden, kultivierten japanische Gärtner schon Sor-ten mit **einfachen und halb gefüllten** Blüten und besonders schönem Blütenzentrum. Der Duft der japanischen Strauchpäonien ist allerdings nicht jedermanns Sache. Japanische Sorten duften schwer, manchmal dumpf oder sogar stechend, sodass man bei man-

Auch manche der chinesischen und europäischen Strauchpäonien wie diese rund 100 Jahre alte Sorte 'Louise Mouchelet' haben ein festes Astgerüst und stabile Blütenstiele.

chen Sorten eher von einem Pflanzengeruch als von einem Duft sprechen kann. Auch unter den chinesischen Strauchpäonien findet man einige hoch wachsende Sorten mit einfachen Blüten. Aber überwiegend sind die Blüten dieser wie auch der historischen europäischen Sorten dreiviertel bis übervoll gefüllt und hängen manchmal an den fast zu schwachen Blütenstielen über. Diese voll gefüllten Blütenköpfe, die an zarten Zweigen hängen, entsprachen dem Pflanzenideal der Strauchpäonie im alten China und waren das beherrschende Motiv in der traditionellen chinesischen Malerei.

Die kostbare amerikanische Strauchpäonienhybride 'Black Pirate' verrät mit ihren schwarzroten Blüten ihre Abstammung von *Paeonia delavayi*.

Neue Hybrid-Sorten aus den USA

Neben den klassischen Suffruticosa-Päonien findet man heute in den Pflanzenkatalogen zahlreiche neue Hybrid-Sorten, die seit Anfang des 20. Jahrhunderts durch die Kreuzung verschiedener Strauchpfingstrosenarten entstanden sind. Mehr als hundert vor allem amerikanische Strauchpäoniensorten gehören zu dieser Gruppe. Die erste Generation von Hybriden entstand in Frankreich aus der Züchtungsarbeit von Victor und Emile

Lemoine, die japanische Strauchpäoniensorten mit der wilden *Paeonia lutea* kreuzten. Die Blüten dieser Hybriden sind gelborange getönt und voll gefüllt. Sie duften zart und fruchtig. Die zweite Generation der Hybriden entstand in den USA. Sie entstand aus der Kreuzung der Wildarten *Paeonia delavayi* mit *P. lutea* sowie deren Abkömmlingen; zum Teil wurde mit Lemoine-Päonien weitergekreuzt. Die Sorten aus dieser jüngeren Züchtungsgeneration haben Blüten in allen denkbaren Farbschattierungen bis hin zu Blaurosa, Schwarzrot, Gelbttönen und Lachs mit einfacher oder

halb gefüllter Blütenform. Die meisten dieser Hybriden duften wunderbar. Leider sind viele von ihnen noch sehr teuer.

Itoh-Hybriden

Nachdem es gelungen war, fast aus allen bekannten Päonienwildarten Hybriden zu entwickeln, kamen Züchter auf die Idee, auch Strauchpäonien und Staudenpäonien miteinander zu kreuzen. Durch die Kreuzung dieser beiden Päonien-Gruppen wollte man die niedrig wachsende Staudenpfingstrose mit den riesigen Blüten der Strauchpäonie versehen. Dieser Züchter-

Diese vier Naturhybriden von *Paeonia rockii* stammen aus der märchenhaften Sammlung von Burghard Ebert, die heute im Arboretum Ellerhoop bewundert werden kann.

Obwohl mittlerweile botanische Gruppenreisen nach China angeboten werden, werden die wenigsten Päonienliebhaber in ihrem Leben einmal die Gelegenheit haben, Strauchpäonien am Naturstandort zu erleben. Wir freuen uns schon, wenn wir sie in einem botanischen Garten, in einer Privatsammlung oder in einem Pflanzenkatalog finden.

traum erfüllte sich in Japan, wo es **Toichi Itoh** gelang, die gelb blühende Strauchpäonie *Paeonia lutea* 'Alice Harding' mit der weiß blühenden *P. lactiflora* 'Kakoden' zu kreuzen. Es entstanden mehrere gelb blühende Sämlinge, von denen 1974 vier Hybriden unter den Sortennamen 'Yellow Emperor', 'Yellow Dream', 'Yellow Gem' und 'Yellow Heaven' durch den Amerikaner **Louis Smirnow** vorgestellt wurden.

Sie hatten alle das schöne Laub und die auffallenden Blüten der Strauchpäonie, waren aber Stauden, die nicht verholzen. In den achtziger Jahren gelang es dem US-amerikanischen Züchter Roger Anderson, auch rosa getönte Itoh-Hybriden zu züchten (siehe Seite 69).

Der gegenwärtig interessanteste neue Kreuzungspartner bei der Züchtung von Strauchpäoniensorten ist *Paeonia rockii*.

Botanische Strauchpäonien

Von den heute bekannten wilden Strauchpfingstrosen stelle ich hier die vier Arten vor, die für die Züchtung von Sorten die größte Bedeutung haben. *Paeonia delavayi, P. lutea, P. ludlowii* und *P. rockii*. Drei dieser Arten sind auch bezaubernde Gartenpflanzen und im Handel als ein bis vier Jahre alte Sämlinge erhältlich. »Wilde« Strauchpäonien kannte man im Westen bis vor kurzem nur als kultivierte Sämlinge. Fotos von ihnen am Naturstandort entstanden erst vor zehn Jahren. Professor Gian Lupo Osti, ein italienischer Dendrologe, machte sie auf einer Pflanzenexpedition durch China, die ihm erst nach jahrelangen Bemühungen von der chinesischen Regierung erlaubt wurde. Er beschreibt, wie schwierig es noch vor zehn Jahren war, zur Heimat der wilden Schönen zu gelangen, die hauptsächlich in **gebirgigen Grenzregionen** in **Tibet, Burma und der Mongolei** wachsen. Osti fand *Paeonia rockii* auf dem Taibaishan, einem Gebirgsmassiv, das Sperrgebiet ist, vom Militär kontrolliert wird und durch Straßen kaum erschlossen ist, in Höhen von 1000 bis 2800 m (Osti 1991).

Paeonia rockii
(Syn.: *P. suffruticosa* subsp. *rockii)*

Diese Spezies ist nach ihrem zweiten Entdecker, dem Amerikaner **Joseph Rock,** benannt, der die weiße *P. rockii* mit den kastanienfarbenen Basalflecken der Sage nach 1925 in einem Lamakloster vorfand und Samen des Strauches nach Europa und Amerika schickte. Manche Botaniker stufen sie heute noch als eine Unterart der *P. suffruticosa* ein und bezeichnen sie mit dem Namen **P. suffruticosa 'Rock's' Variety'.** Unter diesem Namen findet man sie auch in Katalogen angeboten.

Aber offenbar überwiegt die Tendenz, sie als eine eigene Art anzusehen. Jedenfalls haben wir mit ihr die begehrteste und leider auch teuerste und seltenste botanische Strauchpäonie vor uns, denn noch heute stammen die meisten verfügbaren Exemplare von den paar Samen ab, die in den dreißiger Jahren an die Harvard-Universität gelangten und dort im Arnold Arboretum kultiviert wurden. *P. rockii* ist gegenwärtig die vielversprechendste Wildart für weitere **Züchtungsarbeit.** Mit ihr züchtet seit Jahren ein britischer Diplomat, **Sir Peter Smithers.** Im Arboretum Ellerhoop nördlich von Hamburg

Paeonia rockii mit der klassischen Blütenfarbe: weiß mit kastanienfarbenen Basalflecken. Bei Wind und Wetter trägt sie ihre Blüten aufrecht über dem Laub.

züchtet **Prof. Hans-Dieter Warda** mit *P. rockii* und japanischen Strauchpäoniensorten. Sein Ideal ist eine Strauchpäonie, die hoch wachsend, gut verzweigt, breitstrauchig und pilzresistent ist. Die Züchtungsarbeit in Ellerhoop richtet sich hauptsächlich darauf, die Wuchsform zu stabilisieren, sodass die Strauchpäonien sich auch für die Anpflanzung in Parks eignen.

Gestalt: *P. rockii* wird von Natur aus 150–200 cm hoch und ist rundum belaubt bis zum Boden. Ihre Blattsegmente sind klein, zugespitzt und leuchtend grün. Die großen Blüten stehen auch bei Regen standfest über dem Laub. *P. rockii* ist, was die

Paeonia delavayi stammt aus den chinesischen Ausläufern des Himalaya.

Schönheit und Mannigfaltigkeit der Blüten betrifft, durch eine Zuchtform kaum zu übertreffen. Sie hat bis zu 22 cm große Blüten in Reinweiß oder in rosa Farbschattierungen. Als auffallendstes Merkmal gilt, dass die Blütenblätter an der Basis mit je einem auffallenden kastanienfarbenen Samtfleck geschmückt sind, der in wundervollem Kontrast zur erhabenen Krone der goldenen Staubblätter steht (siehe Bild Seite 24). Zwar verkörpert diese Blütenform am stärksten das Ideal einer *P. rockii,* doch zeigt insbesondere die **Sammlung von Burghard Ebert,** dass diese Blütenform nur eine von vielen Varietäten dieser vielgestaltigen Wildpäonienart ist (Foto S. 56).

Naturhybriden: Eine wahrhaft märchenhafte Sammlung aus reinen *Paeonia rockii*-Varietäten hat dieser Enthusiast aus Sämlingen aufgebaut. Aus Samen von chinesischen *P. rockii* zog er verschiedene Rockii-Varietäten heran, die sich im Verlauf von 25 Jahren miteinander kreuzten und mehr als hundert einzigartige **Naturhybriden** hervorbrachten. Es entstanden Pflanzen mit gefüllten, halb gefüllten und einfachen Blütenformen in Weiß und allen denkbaren Rosatönen, ja sogar solche mit grünen und

cremefarbenen Blütenblättern. Die Blüten haben Basalflecken in Kastanienfarbe, Weinrot und Kirschrot in verschiedenen Formen. Die Sammlung Ebert wurde im Herbst 2001 in das Arboretum Ellerhoop verpflanzt und kann dort besichtigt werden.

Höhe: 150–200 cm
Blüte: bis 22 cm, weiß oder rosa, ungefüllt bis gefüllt, dunkle Basalflecken, leichter Duft
Blütezeit: früh.

Paeonia delavayi

Fast 60 Jahre früher als *P. rockii* wurde eine dunkelrot blühende wilde Strauchpäonie von einem Europäer in China entdeckt.

Pater Jean Maria Delavay, ein französischer Missionar, der in Yunnan lebte und arbeitete, sammelte im Auftrag des Naturgeschichtlichen Museums Paris fernöstliche Pflanzen. In den chinesischen Ausläufern des **Himalaya** auf 3500 Meter Höhe fand er eine dunkelrot blühende Strauchpäonie an einem Gletscher. Die nach ihm benannte Strauchpäonie hat nur kleine Blüten, die aber auf ihre Weise genauso schön sind wie die Blüten von *P. rockii*.

Gestalt: Je nach Sämlingspflanze sind die Blüten dunkelmahagonirot bis blutrot oder sogar orange und bestehen aus acht breit-ovalen abgestumpften Blütenblättern, die am Rand einmal eingekerbt und von grünen Kelchblättern eingefasst sind. In den flachen Blütentellern erheben sich die 1–2 cm langen Staubblätter. Sie stehen als dichte schwarzrote Krone um die grünen Fruchtknoten herum, die Staubfäden im Zentrum sind goldgerandet. Die Blüten **duften lilienartig,** und ein großer Strauch kann am Abend den ganzen Garten mit seinem Duft erfüllen. Nicht nur dass *P. delavayi* gut vier Wochen lang blüht, diese botanische Päonie **remontiert** sogar, den ganzen Sommer über bringt sie immer wieder ein paar Blüten hervor.

Wie *P. rockii* wird auch *P. delavayi* zwei Meter hoch. Sie kann einen hohlen Stamm bekommen wie ein Baum. Die Äste dieser wilden Spezies haben die Form langer, wenig verzweigter Spießer, an jedem Ast sitzen bis zu zehn Blütenstiele. Das Laub ist stark geteilt mit spitz zulaufenden, schmalen Blattsegmenten. Es ist von gelblich hellgrüner Farbe und umschwebt in großer Fülle das Astgerüst, sodass die Blüten manchmal darin verschwinden.

Die wundervollen dunkelroten Blüten der *Paeonia delavayi* stehen wie dunkle Blutstropfen im hellgrünen Laub.

Die Balgfrüchte sind bis zu 2 cm lang, die Samen keimen relativ leicht.

Sorten: Sämlingspflanzen dieser Strauchpäonienart kann man daher bei mehreren Anbietern noch zu erträglichen Preisen erwerben.

Ihre lange Blütezeit, ihr Mahagonirot und ihren Lilienduft hat *P. delavayi* an viele ihrer Hybriden weitergegeben. Von ihr stammen die dunklen Rottöne der 'Black Pirate'-Päonien ab.

Höhe: 150–200 cm
Blüte: 8 cm, mahagoni bis orangerot, Lilienduft
Blütezeit: früh, mittel, spät.

Paeonia ludlowii

Sie ist eine der beiden gelb blühenden Strauchpäonienarten und ähnelt im Wuchs der *P. delavayi,* wird aber öfter auch als Varietät von *P. lutea* eingeordnet.

Gestalt: Hohe, dünne, verholzte Basistriebe wachsen bis auf 250 cm heran. An den Enden dieser Spießer stehen in dichten Büscheln die fein segmentierten Blätter. Sie sind fast so lanzettlich wie die Blattsegmente der *P. anomala* und gelbgrün. *P. ludlowii* stammt aus dem **Grenzgebiet zu Tibet** und aus Tibet, sie wächst an ihrem Naturstandort im Hochgebirgswald als Bäumchen. Bei uns lässt sie sich als üppig in die Breite wachsender Gartenstrauchsolitär oder als duftiger feiner Strauch für den Gehölzrand verwenden. *P. ludlowii* trägt von Ende Mai bis weit in den Juni hinein lichtgelbe Blüten und remontiert während des Sommers. Leider ist sie nicht so frostfest wie *P. delavayi*. In strengen Wintern friert sie zurück und trägt dann keine Blüten.

Sorten: Keine.

> **Höhe:** 180–250 cm
> **Blüte:** 5–8 cm gelb, ohne Duft
> **Blütezeit:** spät bis sehr spät.

Paeonia ludlowii blüht nach allzu strengen Wintern leider nicht.

Paeonia lutea

Auch diese Päonienart wurde von Pater Delavay entdeckt. Sie wuchs in den Bergen der Provinz Shaanxi an der Schneegrenze.

Gestalt: *P. lutea* wird von den Experten als **Halbstrauch** eingeordnet, weil sie nur am Grunde der Triebe verholzt und im Winter fast verschwindet. Sie wächst mehr in die Breite als in die Höhe, ihre Blütentriebe kriechen, und sie ist mehr krautig als holzig. *P. lutea* bildet **Wurzelschösslinge.** Diese treiben bis über 100 cm hoch aus und bringen an jedem Trieb zwei bis drei Blüten hervor, jede Blüte an einem eigenen nickenden Stiel. Die Blüten dieser Art sind 5–6 cm groß, erinnern mit ihrer Farbe und Form an Teichrosen und strömen einen zarten Zitronenduft aus. *P. lutea* blüht für eine Strauchpäonie sehr spät, nämlich erst ab Anfang Juni.

Als Gartenpflanze ist diese Art nicht in Kultur und man wird vergebens in den Pflanzenkatalogen nach ihr suchen. Desto wichtiger wurde sie bald nach ihrer Entdeckung für die Strauchpäonienzucht.

Sorten: Amerikanische Züchter, vor allem Saunders, führten die Kreuzungsarbeit mit Lutea-Päo-

Paeonia lutea – von ihr stammen fast alle Strauchpäonienhybriden ab.

nien fort, und heute wird in den USA mit allen bekannten Wildformen und deren Hybriden gekreuzt. Es entstanden gelbe, orangefarbene, braunrote und fast schwarze einfache und halb gefüllte Sorten, die alle später blühen als die Suffruticosa-Päonien und so die Blütezeit der Strauchpäonien verlängern. Berühmt wurde *P. lutea* auch deswegen, weil sie diejenige Strauchpäonienart ist, deren Abkömmling mit einer Staudenpäonie gekreuzt wurde. Dieser Kreuzungserfolg führte zu den Itoh-Hybriden.

> **Höhe:** 100 cm
> **Blüte:** 5–6 cm, gelb, Zitronenduft
> **Blütezeit:** spät.

Strauchpäonien der Suffruticosa-Gruppe

Man könnte die Suffruticosa-Strauchpäonien als »Historische Strauchpäonien« bezeichnen, weil zu dieser Gruppe jahrhundertealte Sorten gehören. Alle chinesischen und japanischen, sowie die alten europäischen Sorten gehören zu dieser Kategorie. Gemeinsam ist den Suffruticosa-Päonien das hellgrüne bis leuchtend grüne, tief eingeschnittene Laub mit spitz zulaufenden Blättern. Auch der hochstrauchige Wuchs schlägt bei fast allen alten Sorten durch, sie werden zwischen 100 und 200 cm hoch.

Paeonia suffruticosa 'Blanche de His'

Paeonia suffruticosa 'Baronne d' Ales'

'Baronne d' Ales'
Paeonia suffruticosa
(Goumbault, Frankreich)

Gestalt: Diese ausgezeichnete europäische Sorte wächst langsam und erreicht eine Höhe von etwas über 100 cm. Mit dem relativ niedrigen Wuchs harmoniert das zierliche hellgrüne Laub mit den kaum gefiederten, kleinen Blattsegmenten. 'Baronne d'Ales' hat große, voll gefüllte, lebhaft gefärbte Blüten in Lachsrosa und Dunkelrosa. Die gerüschten, großen Blütenblätter sind hell und dunkel geflammt und zum Blütenzentrum hin dunkel schattiert.

Höhe: 100 cm
Blüte: 15–17 cm, hell und dunkelrosa schattiert, ohne Duft
Blütezeit: früh.

'Blanche de His'
Paeonia suffruticosa
(Mouchelet, Frankreich)

Diese historische europäische Sorte ist auch unter dem Namen 'Hisana Alba' bekannt. Sie blüht länger als die meisten Suffruticosa-Päonien, von Anfang bis über die Mitte des Mai.
Gestalt: Der etwas über 100 cm hohe, locker aufgebaute Strauch

Paeonia suffruticosa 'Hana Kisoi'

hat üppiges Laub mit breiten, rot gerandeten Blattsegmenten. Zahlreiche rosafarbene Knospen öffnen sich zu großen und kleinen weißen Blüten. Die Blüten sind flach geformt und mit drei bis vier nach innen kleiner werdenden Reihen von Blütenblättern gefüllt. Die Blütenblätter sind zart rosa überhaucht und haben an ihrer Basis weinrote, spitz geformte Balsalflecken. Das Farbenspiel zwischen Weiß und Rot wird noch verstärkt durch die weinroten Narben.

Höhe: 120 cm
Blüte: 8–16 cm, weiß mit lilarosa Hauch, ohne Duft
Blütezeit: früh bis mittel.

'Colorado'
Paeonia suffruticosa
(Goos & Koenemann, Deutschland 1911)

Das ist eine der japanischen Sorten, die von der Firma Goos & Koenemann eingeführt wurden. **Gestalt:** Sie bildet elegante, ebenso hohe wie breite Sträucher, die bis zum Boden üppig belaubt sind. Über dem matt graugrünen Laub stehen bis zu 25 große, reinweiße Blüten in stumpfer Tulpenform. Eine doppelte Schale aus großen Blütenblättern beherbergt einen elfenbeinweißen Fruchtknoten und blassgelbe Staubgefäße. Die Blüten sind trotz ihrer Größe standfest und haltbar, sie schließen sich bei anhaltendem Regenwetter. Foto siehe Seite 20.

Höhe: 100 cm
Blüte: 17 cm, reinweiß, zarter Duft
Blütezeit: früh.

'Hana Kisoi'
Paeonia suffruticosa
(Japan)

»Wettstreit der Blumen« bedeutet der japanische Name dieser Strauchpäoniensorte aus Japan, die 1926 nach Europa und den USA gelangte. Viele Liebhaber sind der Ansicht, dass 'Hana Kisoi' diesen Wettstreit gewonnen habe und dass sie die schönste aller klassischen Suffruticosa-Päonien sei. Ich schließe mich dieser Meinung gerne an, denn die Sorte steht seit zehn Jahren in meinem Garten und begeistert zur Blütezeit alle Besucher. **Gestalt:** 'Hana Kisoi' ist trichterförmig hochwachsend mit nur wenig verzweigten, 150 cm hohen holzigen Trieben, die sich ab Mitte März mit rötlichem Austrieb, später mit hellgrünen gefiederten Blättern schmücken. Das Laub bildet eine schirmförmige Krone. In der zweiten Maiwoche öffnen sich die kugelförmigen dicken Blütenknospen zu einer halb gefüllten Blüte. Die Blüte der 'Hana Kisoi' lässt sich am ehesten mit einem hellrosaseidenen Pompadour vergleichen, denn am Rand der Blüte befindet sich eine kleine Rüsche. Zum Zentrum der Blüte hin werden die Blütenblätter immer dunkler bis zu einem tiefen Karminrosa – ein sehr lebendiges Farbenspiel! Auf karminroten Staubfäden steht eine schöne Krone aus goldgelben Staubgefäßen. Die Sorte ist mit ihren stabilen Stielen als Schnittblume gut geeignet.

Höhe: 150–200 cm
Blüte: 20 cm, rosa schattiert, duftend
Blütezeit: früh.

'Higurashi'
Paeonia suffruticosa
(Japan)

»Einen Tag von morgens bis abends leben« bedeutet der japanische Name dieser alten Sorte. Manche übersetzen ihn auch mit »Zwielicht« oder »Sonnenuntergang«, denn die japanischen Blumennamen sind wie die chinesischen voller bildhafter Doppeldeutigkeiten.
Gestalt: Die Sorte wächst stark und schirmförmig, sie wird etwa 150 cm hoch. Das weiche Laub besteht aus schmalen, gefiederten Blattsegmenten. Die riesigen, dunkel altrosa Blütenschalen sind einfach und ohne Duft. Die seidigen Blütenblätter präsentieren in ihrer Mitte einen goldenen Ring von Staubbeuteln auf purpurnen Filamenten. Die Fruchtknoten sind cremefarben.

Höhe: 130 cm
Blüte: 16–18 cm, dunkel altrosa, ohne Duft
Blütezeit: früh.

'Negricans'
Paeonia suffruticosa
(Europa)

Ein kurzes, aber heftiges Farbenfest verspricht diese alte japanische Strauchpäonie mit europäischem Namen. Sie wächst hochstrauchig langtriebig und ist locker belaubt. Dennoch trägt sie ihre außerordentlich zahlreichen Blüten gut über dem Laub, denn diese sind zwar riesig, aber einfach bis höchstens halb gefüllt. Ein Teller aus mahagoniroten Blütenblättern

wird in seiner dunklen Farbwirkung noch durch schwarze Basalflecken verstärkt. Die goldenen Staubgefäße kontrastieren dazu ebenso heiter wie die grünen Fruchtknoten mit den hochroten Narben. Leider sind die großen, einfachen, flachen Blütenschalen nicht gegen starke Regengüsse gefeit (Foto Seite 84).

Höhe: 120 cm
Blüte: 17 cm, mahagonirot, ohne Duft
Blütezeit: früh.

Paeonia suffruticosa 'Higurashi'

Paeonia suffruticosa 'Sakura Jishi'

'Sakura Jishi'
Paeonia suffruticosa
(Japan)

Japanische Gärten werden von kleinen Löwengeistern bewacht und so heißt diese Sorte »Der Löwe im Kirschgarten«.
Gestalt: Es handelt sich um eine der eher niedrigen Sorten, die etwa 100 cm hoch werden. Die halb bis voll gefüllten kugeligen Blüten duften sehr gut. Die Blütenblätter sind brillantrosa und am Rand heller, ähnlich wie die Färbung von Kirschblüten. Riesengroß wirken die Blüten mit ihren gerüschten und gewellten Blütenblättern an dem kleinen Strauch mit den graugrünen, rot gerandeten Blättern.

Höhe: 80 cm
Blüte: 16 cm, rosa, sehr gut duftend
Blütezeit: mittel.

'Shimadaijin'
(Syn.: 'Hanadaijin')
Paeonia suffruticosa
(Japan vor 1910)

»Gesandter der Blumen« oder »Minister der Inseln« bedeutet der Name dieser Sorte, die ausgesprochen robust, frostfest und reich blühend ist.
Gestalt: Der Strauch wächst auf wenigen verholzten Trieben stark in die Höhe und ist üppig graugrün belaubt. Die Blattsegmente sind stabil und standfest. Schon Anfang Mai öffnen sich auffallend rotviolette Blüten zu flachen, locker gefüllten, perfekt geformten Schalen. Sie lassen die goldgelben Staubbeutel frei, die auf rotvioletten Filamenten stehen. Auch die Narben auf den dunkelroten Fruchtknoten sind rotviolett. Diese Blüten, die schön über dem Laub stehen, eignen sich auch gut als Schnittblumen.

Höhe: 150 cm
Blüte: 18 cm, rotviolett, ohne Duft
Blütezeit: früh.

Paeonia suffruticosa 'Shimadaijin'

'Souvenir du Maxime Cornu' war die erste in Europa gezüchtete Strauchpäonien-Hybride.

'Souvenir de Ducher'
Paeonia suffruticosa
(China, 1896 in Europa
eingeführt)

Trotz ihres französischen Namens ist 'Souvenir de Ducher' eine alte chinesische Sorte, welche die Zeiten überdauert hat. Mitte des 19. Jahrhunderts, nach dem Ende des Opiumkrieges, wurde sie von dem schottischen Gärtner, Pflanzensammler und Chinareisenden Reginald Farrer nach England mitgebracht und umbenannt. Sie gehörte zu den sehr erfolgreichen ersten in Europa bekannten und geschätzten chinesischen Strauchpäonien.
Gestalt: Der Strauch wächst rundlich und geschlossen und ist dicht belaubt mit graugrünem, rot geädertem Laub. So rundlich und wohlproportioniert wie die Pflanze sind auch die Blüten: halbkugelförmig und voll gefüllt in einem reinen Bischofslila. Die regelmäßig angeordneten Blütenblätter zeigen eine sehr schöne, manchmal frei sichtbare kleine Krone von Staubgefäßen. Foto siehe Seite 14.

Höhe: 100 cm
Blüte: 12 cm, bischofslila, zarter Duft
Blütezeit: früh.

Strauchpäonien-Hybriden

Strauchpäonien-Hybriden entstanden durch das Kreuzen alter Edelsorten aus *Paeonia suffruticosa* mit den wilden Arten *P. delavayi*, *P. lutea* und seit jüngster Zeit auch mit *P. rockii*. Die Sträucher fallen auf durch ihre großen, meist breit gelappten Blattsegmente. Durch *P. lutea* kamen gelbe bis orangefarbene Töne in das Strauchpäoniensortiment. Der Wachstumsrhythmus dieser Hybriden ist gegenüber den Suffruticosa-Päonien um drei Wochen versetzt; die Sträucher treiben auch nach der Blüte noch etwas aus.

'Black Pirate'
P. lutea × *P. delavayi*
(Saunders, USA 1948)

Nach dieser Sorte wurde eine ganze Gruppe rotgetönter Saunders-Hybriden benannt, doch 'Black Pirate' hat das dunkelste schwarzschattierte Rot.
Gestalt: Über dem graugrünen Laub des hoch wachsenden Strauches stehen die großen einfachen bis halb gefüllten

Von Vorteil für die Gartengestaltung ist die spätere Blütezeit der Hybriden, welche die Blütezeit der Strauchpäonien insgesamt verlängert.

Blüten an rötlichen Stielen. Sie sind weit geöffnet und bilden einen flachen Blütenteller aus glänzenden, seidig zerknitterten Blütenblättern. Schwarze Basalflecken im Blütenzentrum bilden einen starken Kontrast zu dem kleinen Kranz goldener Staubbeutel auf dunkelroten Staubfäden. Einen fröhlichen Akzent setzen leuchtend rote Fruchtknoten und Narben. Foto siehe Seite 55.

> **Höhe:** 90–120 cm
> **Blüte:** 15 cm, dunkelrot, ohne Duft
> **Blütezeit:** mittel.

'Chinese Dragon'
P. lutea × *P. delavayi*
(Saunders, USA 1950)

Gestalt: Auch diese kostbare, betörend duftende Strauchpäonie gehört zur 'Black Pirate'-Gruppe und hat auffallend fein gefiedertes, graugrün und rötlich getöntes Laub. Auch die krautigen Triebe sind rot. Sie bilden den Hintergrund für die tief weinroten Blüten. Eine doppelte Reihe seidig schimmernder und wie Seide zerknitterter Blütenblätter umfasst einen kleinen Pompon aus goldenen Staubgefäßen. Am Grunde der

Blütenblätter zeichnen sich schwarzrote Basalflecken ab.

> **Höhe:** 90 cm
> **Blüte:** 15 cm, weinrot mit dunklen Basalflecken, starker Duft
> **Blütezeit:** mittel.

'Chromatella'
(Syn.: 'Kinshi')
Mutation von 'Souvenir du Maxime Cornu'
(Lemoine, Frankreich 1928)

Diese bekannte Sorte gehört zur ersten Generation von Kreuzungen zwischen *P. lutea* und Suffruticosa-Päonien, die vom französischen Gartenbaubetrieb Lemoine hervorgebracht wurden.
Gestalt: Von *P. lutea* hat 'Chromatella' den zarten, fruchtigen Duft geerbt sowie die gelbe Farbe und die späte Blütezeit. Auch der grazile Wuchs ist wohl auf diese Verwandtschaft zurückzuführen. Das Laub ist graugrün und karmingerandet, was zu den gelben Blüten einen sehr schönen Kontrast ergibt. Die dicken Blütenstiele schlängeln sich mit den üppig gefüllten Blütenköpfen zwischen das Laub. Wenn man die Blüten der 'Chromatella' sieht, versteht

Strauchpäonien-Hybride 'Chinese Dragon'

Strauchpäonien-Hybride 'Chromatella'

man, warum damals in den zwanziger Jahren alle Welt so von den Lemoine-Hybriden begeistert war. Die Blüten sind halbkugelförmig geformt und voll gefüllt mit gekräuselten sonnengelben, manchmal karmesin gesprenkelten Blütenblättern. Manche von ihnen sind rosarot gerandet, wodurch sich insgesamt der Eindruck von einem warmen, sonnigen Gelb ergibt. Inmitten der gefüllten Blüte stehen hie und da goldene Staubgefäße. 'Kinshi' bedeutet »Goldener Milan«.

Höhe: 100 cm
Blüte: 15–16 cm, gelb, leichter fruchtige Duft
Blütezeit: mittel.

'High Noon'
P. lutea × ***P. delavayi***
(Saunders, USA 1952)

Diese Sorte ist eine der berühmtesten Strauchpäonien-Hybriden. Sie entstand aus der Kreuzung mit verschiedenen Strauchpäonien-Wildarten. Heute wird 'High Noon' fast überall, auch in Japan, vermehrt, denn sie ist eine der besten gelben Sorten mit kräftigem Wuchs und guter Gesundheit.
Gestalt: Den Wuchs hat 'High Noon' von *P. lutea* geerbt, denn sie verholzt von unten sehr langsam und treibt Jahr für Jahr reichlich neu aus, auch noch nach der Blüte. Ihr Laub ist schmal gefiedert und tief eingeschnitten, die Blattsegmente sind rot geädert. Wie die ersten französischen Lutea-Hybriden blüht 'High Noon' gelb, aber im Gegensatz zu diesen hat sie Blütenstiele, welche die Blüten über dem Laub tragen. Die halb gefüllten Blüten dieser amerikanischen Hybride tragen drei Reihen sonnengelber, eingekerbter Blütenblätter mit kirschroten, spitzen Basalflecken und einen goldenen Tuff edler Staubblätter. Einzelne Blütenblätter sind karminrot geflammt. Die Sorte blüht lange, manchmal gibt es sogar eine Nachblüte im Spätsommer.

Höhe: 150 cm
Blüte: 10 cm, gelb mit roten Basalflecken, ohne Duft
Blütezeit: spät.

'Souvenir du Maxime Cornu'
(Syn.: 'Kinkaku')
P. suffruticosa × ***P. lutea***
(Henry, Frankreich 1907)

Louis Henry und Prof. Maxime Cornu vom Naturgeschichtlichen Museum in Paris züchteten diese Sorte aus einem Sämling der allerersten in Europa angekom-

Strauchpäonien-Hybride 'High Noon'

menen *P. lutea* und einer Suffruticosa-Päonie namens 'Ville de Saint Denis'. Obwohl die Sorte nun bald hundert Jahre alt wird, kann man sie noch erwerben und sich an ihrer außergewöhnlichen Schönheit erfreuen.
Gestalt: Sie wird 150 cm hoch und wächst üppig in die Breite, denn wie ihr Elternteil *P. lutea* treibt sie immer wieder neue Basistriebe hervor. Sie hat graugrünes, breit gelapptes Laub und zwei bis drei Blüten an einem Stiel. Trotz der dicken Stiele schmiegen sich die schweren Knospen an und unter das Laub. Die Blüten aber hängen wie riesige Christbaumkugeln an den Trieben. Sie sind außer-

ordentlich dicht gefüllt mit kleinen, krausen, fedrigen Blütenblättern in einer wunderbar lebendigen Farbskala zwischen Gelb, Orange, Rosa und Braun. Jede Blüte sieht anders aus. Unverwechselbar ist jedoch der orangefarbene Rand der Blütenblätter. »Kinkaku« bedeutet »Goldener Tempel« – ein passender Name für diese anbetungswürdige Blüte. Zum Augenschmaus kommt noch ein lieblicher, intensiver Duft.

Höhe: 150 cm
Blüte: 16 cm, gelb, mit orangefarbenem Rand, lieblicher Duft
Blütezeit: mittel.

Strauchpäonien-Hybride 'Souvenir du Maxime Cornu'

'Tria'
Mehrfach-Hybride
(Daphnis, USA)

Der griechischstämmige Amerikaner Nassos Daphnis arbeitete in der Nachfolge von Saunders mit Suffruticosa-Päonien und Lutea-Hybriden in höchst komplizierten Kreuzungsprogrammen. Einen seiner bemerkenswerten Erfolge stellt 'Tria' dar.
Gestalt: Als Erbteil der Pflanzengroßeltern zeigt sich die Fähigkeit dieser Strauchpäonie, Jahr für Jahr neue Basistriebe hervorzubringen und dadurch immer buschiger und üppiger zu werden. 'Tria' hat fein gefiedertes, hellgrünes Laub und ist nach zehn Jahren eineinhalb Meter hoch. In diesem Alter bringt sie bis zu sechzig graugrüne Knospen hervor, die jeweils zu dritt an einem Trieb sitzen. Nacheinander blühen die drei Knospen auf. Eine hellgelbe seidige Blütenschale aus rosa geranderten Blütenblättern zeigt goldene Staubgefäße auf bordeauxroten Staubfäden. Die insgesamt sonnig und warm getönte Blüte verströmt einen süßen Duft mit Liliennote. Diesen Duft kann man vier Wochen lang genießen, denn so lange dauert die Blütezeit dieser wunderbaren Strauchpäonien-Hybride von Beginn bis

Itoh-Hybride 'Yellow Dream'

Itoh-Hybride 'First Arrival' *1288*

Mitte der Päoniensaison Anfang Juni. Foto siehe Seite 79.

Höhe: 150 cm
Blüte: 10 cm, gelb, lieblicher Duft
Blütezeit: früh bis mittel.

'Yellow Dream'
P. lutea **'Alice Harding'** ×
P. lactiflora **'Kakoden'**
(T. Itoh/Smirnow, USA 1974)

Die Sorte bildet sehr kräftige und gut verwurzelnde Pflanzen von der Höhe einer Staudenpäonie.
Gestalt: Die Blüten sind das Erbe der Strauchpäonie 'Alice Harding'. Das Laub ist tiefgrün, mit großen Blattsegmenten. Die riesige Blüte ist halb gefüllt und von leuchtend gelber Farbe. Am Grund der Blütenblätter sind karminrote Basalflecken, von denen sich ein kleiner Ring gelber Staubgefäße abhebt. Wie eine Staudenpäonie stirbt 'Yellow Dream' im Herbst oberirdisch ab und treibt im Frühjahr krautig aus den unterirdischen Sprossen aus.

Diese Eigenschaft verdankt sie ihrer Zugehörigkeit zu den so genannten Itoh-Hybriden (siehe Seite 55 f.). Zu diesen gehört auch die hier abgebildete 'First Arrival' des amerikanischen Züchters Roger Anderson. Mit ihren riesigen rosa Blüten wird sie nur 70 cm hoch. Diese sehr hochpreisigen Päoniensorten sind zwar spektakulär wegen ihrer großen Blüten, aber nicht jedermanns Geschmack wegen der waghalsigen Proportion zwischen Pflanze und Blüte.

Höhe: 90 cm
Blüte: 17–18 cm, gelb, duftend
Blütezeit: mittel.

auf einen blick

- Hunderte von Staudenpfingstrosensorten werden von Spezialbetrieben angeboten und erfüllen fast jeden Gärtnerwunsch, was Blütenfarben und -formen betrifft.
- Eine große Bereicherung für naturnahe Gärten können die wilden Pfingstrosen sein.
- Ein lebenslanges Gartenvergnügen bieten die robusten japanischen Strauchpäonien und die noch wenig verbreiteten chinesischen Wildformen.

Pfingstrosen richtig pflegen

Päonien sind im wahrsten Sinne des Wortes pflegeleicht. Selbst wenn der Gärtner ihnen den Rücken kehrt und sie ihrem Schicksal überlässt, behaupten sie sich weiter zwischen den anderen Pflanzen.

Sogar in einem Garten, der nicht mehr gepflegt wird, behaupten sich die Pfingstrosen zwischen Gras und Brombeeren.

Besonders unsere Bauernpfingstrosen, die halbwilden europäischen Päonien, waren und sind die Lieblinge im Bauerngarten, weil sie kaum Arbeit machen und doch willig und prächtig Jahr für Jahr blühen. Während Gartenmargeriten auf der Suche nach unverbrauchten Fleckchen Erde wandern und *Hemerocallis* wuchern, harrt die Pfingstrose zufrieden fünfzig Jahre und länger auf ihrem Pflanzplatz aus. Ihre Horste wachsen, aber sie wuchern nicht. In einer Rabatte werden Päonien andere Pflanzen nicht bedrängen, sie müssen nicht ausgedünnt oder eingedämmt werden.
Nicht umsonst heißt es in dem bekannten altmodischen Gedicht von Joseph von Eichendorff:

Kaiserkron und Päonienrot, die müssen verzaubert sein, denn Vater und Mutter sind lange tot, was blühn sie hier so allein?

Seit fünfzig Jahren stehen diese gewaltigen Exemplare von *Paeonia lactiflora* 'Amabilis' an einem Rasenweg und erfüllen Jahr für Jahr den Garten mit ihrem Duft.

Aber nicht nur die Staudenpfingstrosen, sondern auch die Strauchpfingstrosen sind in der Pflege weder schwierig noch besonders anspruchsvoll.

Pfingstrosen einkaufen

Die Päonienarten und -sorten, die im vorigen Kapitel porträtiert wurden, kann man tatsächlich auch erwerben; das war für mich ein wichtiger Gesichtspunkt bei der Auswahl. Allerdings kann man sie leider nicht im nächsten Gartenbaubetrieb oder Pflanzenzentrum kaufen, sondern man muss sich die Mühe machen, sie zu bestellen, und die Geduld aufbringen, bis zur Lieferung zu warten. Wer gar nicht warten kann, muss auf getopfte Ware zurückgreifen, die meist ohne Sortennamen nur nach Farben sortiert angeboten wird. Mit wenigen Ausnahmen handelt es sich bei dieser Ware um Pflanzen aus den Niederlanden, die – ursprünglich aus Ostasien wurzelnackt importiert – in dortigen Betrieben

für kurze Zeit weiterkultiviert wurden.

Strauchpäonien kaufen

Beim Kauf von Strauchpäonien ist es sinnvoll, den Versandhandel vorzuziehen, weil man nur dort eine große Auswahl sortenechter Pflanzen findet. Bei einer Pflanze, die so kostbar ist und so alt wird wie die Strauchpäonie, wird man nicht irgendeine namenlose Zufallsbekanntschaft aus dem Baumarkt mitnehmen, obwohl ich gerne zugebe, dass man auch damit Glück haben kann.
Die Bestellzeit für Strauchpäonien ist das Frühjahr. Der **Versandhandel** liefert die wurzelnackten Jungpflanzen im Spätherbst noch während der **Ruhe-**

phase der Strauchpäonie aus, sodass diese innerhalb ihrer inaktiven Zeit ausgepflanzt werden können. Das ist die einzige vernünftige Zeit zum Pflanzen. Sofort nachdem die Wurzeln in der Erde sind, beginnen sie sich wieder zu regen und wachsen noch vor der Frostperiode ein.

Staudenpäoniensorten werden von den meisten Anbietern ebenfalls im Herbstversand angeboten. Einige wenige Betriebe bieten Ballenware zur Selbstabholung an.

Strauchpäonien werden überwiegend als Importware aus China und Japan angeboten. Die bedeutendste Strauchpäonienproduktion der Welt mit den heute am meisten geschätzten Pflanzen hat Japan. In spezialisierten Gartenbaubetrieben auf der Hauptinsel Hondo in den

Einjährige Sämlinge von botanischen Staudenpäonien.

Provinzen Niigata und Shimane werden die Pflanzen kultiviert und mit der gärtnerischen Kunst und Erfahrung von mehreren hundert Jahren vermehrt. **Europäische** Jungpflanzen kamen in der Vergangenheit hauptsächlich aus **französischen** Gartenbaubetrieben.

In den USA gibt es eine ganze Reihe von Betrieben mit den Namen berühmter Züchter, die für den amerikanischen Markt und – in geringem Umfang – für Europa Strauchpäonien-Hybriden produzieren. Diese Betriebe kultivieren und vermehren vor allem ihre eigenen berühmten Zuchtsorten. Die Nachfrage in den USA selbst ist so groß, dass die Wünsche der Exporteure nicht immer erfüllt werden. Zu meiner Überraschung konnte ich feststellen, dass es auch in Deutschland seit einigen Jahren immer mehr Gartenbaubetriebe gibt, die Strauchpäonien selbst vermehren. Zu ihnen gehören Werner Simon, Harald Juhr, Stephan Tetzlaff und besonders Wolfgang Giessler mit seiner neuen Vermehrungsmethode.

Preise von Päonien

Wenn man die Pflanzenkataloge auf der Suche nach der richtigen Päoniensorte oder -art durch-

blättert, fallen zuerst die großen Preisunterschiede auf. Japanische Strauchpäoniensorten kann man schon für einen Preis von zwanzig Euro erwerben, während man für manche amerikanischen Hybriden das Zehnfache berappen muss.

Grundsätzlich gilt, dass eine Sorte umso teurer ist, je neuer sie ist, denn die Kosten für die aufwändige Entwicklung schlagen bei den neuen Sorten noch voll zu Buche. So kommt es, dass die historischen Päoniensorten aus China, Japan und Europa allesamt erschwinglicher sind als die Hybriden aus Amerika, die erst in den vergangenen fünfzig Jahren entstanden sind.

Entscheidend für das Preis-Leistungs-Verhältnis sind Alter und Entwicklungsstand der angebotenen Pflanze. Am teuersten sind verständlicherweise kräftige **Teilstücke** von sechs bis sieben Jahre alten Mutterpflanzen. Sie wachsen aber auch entsprechend schnell zu einer großen Pflanze heran.

Veredelungen sind die Form, in der man die allermeisten Strauchpäonien angeboten bekommt. Sie können ein bis vier Jahre alt sein, wobei die Letzteren schon auf eigenen Wurzeln des Edelreises stehen. Sämlingspflanzen werden im Alter von einem bis

Hier wurden 'Festiva Maxima', 'Duchesse de Nemours' und 'Amabilis' vor eine niedrige Buchshecke gepflanzt.

zu vier und mehr Jahren angeboten.

Ein weiterer Faktor, der besonders auf die Preise von Strauchpäonien auswirkt, ist die Transportart. Wurzelnackte Pflanzen aus Fernost, die im Herbst gerodet und per Luftfracht und **Direktimport** zum Händler und von dort noch während der besten Pflanzzeit der Strauchpäonien zum Kunden gelangen, sind teurer als Pflanzen, die als **Schiffsfracht** im Februar oder März in den Niederlanden ankommen und dann erst mit dem LKW zu den Händlern gebracht werden.

Getopfte Pflanzen sind grundsätzlich teurer als wurzelnackte, aber oft nicht besser als diese, weil sie nur lose im Substrat stecken und bis zum Verkauf noch keine Zeit hatten anzuwurzeln.

Das Pflanzen und Pflegen von Staudenpfingstrosen

Staudenpäonien machen kein Kopfzerbrechen bei der Standortwahl. Sie gedeihen in jedem Boden, wenn auch im lehmigen besser als im leichten, im kalkhaltigen besser als im sauren (ein **pH-Wert** von 6 bis 6,5 ist

erwünscht), lieben eine freie, sonnige Lage, blühen aber auch im Halbschatten. Die einzige Einschränkung besteht darin, dass es möglich sein muss, das Pflanzloch zwei Spaten tief zu bearbeiten.

Pflanzzeit, Platzbedarf und Standortwahl

Wie bei allen Päonienarten ist die beste Pflanzzeit der Herbst, wenn wurzelnackte Pflanzen nach Sorten und Arten gekennzeichnet angeboten werden. Im Frühjahr muss man auf getopfte Ware zurückgreifen, da der junge Austrieb hoch empfindlich ist und leicht bricht.

Der Platzbedarf für eine Staudenpäonie ist etwa so groß, wie die Sorte hoch wird, also bei den meisten Sorten 80–90 cm. Nur kleinwüchsige Arten wie *Paeonia*

tenuifolia und Sorten wie 'Gretchen', 'Cytherea', 'Madelon', oder 'Raspberry Rose' kommen mit einem halben Meter aus.

Bodenvorbereitung und Pflanzung

Da die Päonien, wie schon erwähnt, viele Jahre auf ihrem Platz ausharren, sollte man diesen gut vorbereiten.

Häufig hört man, dass Päonien nach dem Umpflanzen nicht mehr blühen, und manche Gärtner glauben daher, dass diese das Umpflanzen einfach nicht vertragen. Wenn Päonien nach dem Pflanzen oder Umpflanzen nur spärlich oder gar nicht blühen, dann sind sie jedoch entweder zu tief gepflanzt oder beim Umpflanzen nicht verjüngt worden.

Staudenpäonien muss man so pflanzen, dass die Grundknospen nur zwei Fingerbreit unter der Bodenoberfläche sitzen.

In solchen für das Wachstum ungünstigen Witterungsperioden ist ein kräftiger Wasserguss Voraussetzung für die Bildung schöner Blüten.

Staudenpfingstrosen umpflanzen

Ältere Staudenpäonien kann man vom **Spätsommer** an, wenn sich ihre Blätter verfärben, bis in den Spätherbst hinein umpflanzen. Ein Umpflanzen im Frühjahr ist dagegen riskant, weil die empfindlichen jungen Triebe leicht abbrechen.

Für die **Verjüngung** der Päonienhorste werden diese ausgegraben und von Erde befreit, nachdem man das Laub abgeschnitten hat. Die Päonie besteht unterirdisch aus einem lose zusammenhängenden System von dicken und dünnen Wurzelteilen, die zu den im Spätsommer schon gut ausgebildeten Grundknospen führen. Man schaut sich das in Ruhe an und findet heraus, welche Wurzelteile zu welcher der Grundknospen gehören. Jetzt kann man die Wurzeln entflechten und an den dünnen Verbindungsstellen mit dem Messer oder der Gartenschere teilen. Es genügt, wenn ein Teilungsstück drei bis fünf Grundknospen behält.

Hierzu lockert man die Erde zwei Spaten tief und vermischt sie mit reifem Kompost, um den Humusgehalt zu verbessern. Zur Erhöhung des Nährstoffgehaltes eignen sich stickstoffarme mineralische Dünger sowie Hornspäne. Auch abgelagerter Stallmist eignet sich zur Anreicherung, wenn man ihn mehrmals gut durcharbeitet und mit der Erde vermischt, damit die Päonienwurzeln nicht direkt mit ihm in Berührung kommen. Bei sehr feuchten und lehmigen Böden ist es gut, am Grunde des Pflanzloches eine Dränage aus Sand oder Kies einzufügen, weil Staudenpäonien Staunässe nicht vertragen.

Wenn man sofort nach der Vorbereitung des Pflanzloches die Päonienwurzeln setzt, passiert es leicht, dass sie zu tief rutschen, während die Erde sich wieder festigt. Daher ist es besser, ein paar Tage mit dem Pflanzen zu warten, bis sich die Erde im Pflanzloch gesetzt hat. Setzen Sie die Wurzelstücke so ein, dass die Grundknospen (Austriebsknospen) nicht mehr als zwei Finger breit (höchstens 5 cm) unter der Bodenoberfläche sitzen.

Nach dem Pflanzen wird gut angegossen. Im ersten Jahr der Anpflanzung braucht die junge Päonie noch zusätzliche Bewässerung während trockener Perioden im Frühjahr und Sommer. In den weiteren Jahren reicht die natürliche Regenmenge aus. Eine Ausnahme bilden Trockenzeiten im späten Frühjahr während der Schosszeit der Päonien.

Wie gut es gelingt, Staudenpfingstrosen umzupflanzen, zeigen Geschichten, die es zu vielen alten Pfingstrosenhorsten gibt. Oft stammen diese aus anderen Gärten, die es längst nicht mehr gibt, aus aufgelassenen Gärtnereien, aus Pfarrgärten oder herrschaftlichen Gärten. Wie im alten China werden auch bei uns erfolgreiche schöne Sorten verwandtschaftlich und freundschaftlich geteilt, verteilt und vererbt.

Das Pflegen der Staudenpfingstrosen

Eingewachsene Staudenpäonien wollen in Ruhe gelassen werden, sie werden umso schöner, je weniger man sie stört. Die Regeln für die Pflege beziehen sich daher hauptsächlich auf Dinge, die man nicht tun soll.
Im **Sommer** darf das Laub der Päonien nicht abgeschnitten werden und soll beim Schneiden von Blütenstielen möglichst geschont werden. Da die Pflanze auf die Assimilationstätigkeit ihrer Blätter angewiesen ist, muss man es akzeptieren, dass die abgeblühten Päonien durch ihr Laub präsent sind. Erst im Herbst, wenn sich das Laub zuerst rosig und später bräunlich verfärbt hat, schneidet man

es bis auf ein paar Zentimeter herunter. Lässt man die Triebe mit dem welken Laub den **Winter** über stehen, dann sieht das nicht nur unschön aus, sondern fördert womöglich Pilzinfektionen in der nächsten Vegetationsperiode, weil in den abgestorbenen Pflanzenteilen Sporen überwintern können.
Im direkten Umfeld der Pflanzen, das heißt über der Wurzelkrone und den Wurzeln, darf man **keine Bodenbearbeitung** vornehmen.

> *Da ich kein Freund von ständigem Hacken und Bodenlockern bin, kommt mir die Pfingstrose gelegen, denn sie mag lieber in Ruhe gelassen werden, nur zu leicht können die zarten Frühjahrstriebe beschädigt werden.*
> Vita Sackville-West

In den ersten drei Jahren nach der Pflanzung benötigt die Päonie keine Düngung. Die nährstoffreiche Mischung im Pflanzloch reicht für die Entwicklung der jungen Pflanze völlig aus. Auch ältere Pflanzen benötigen nur eine **jährliche Düngung.** Insbesondere stickstoffbetonte Dünger sollte man vermeiden, weil sie ein mastiges Wachstum

des Laubes auf Kosten der Blühwilligkeit fördern.
Wer **organischen Dünger** bevorzugt, kann jedenfalls nichts falsch machen. Man gibt reifen Kompost und Hornspäne oder abgelagerten Stalldung ringförmig um die Horste und hackt sie in den Boden ein. Düngt man direkt auf die Horste, sinken die Grundknospen mit den Jahren zu tief in den Boden. Auch können nach Meinung einiger Staudengärtner bei direkter Berührung der Pflanze mit organischen Düngern Pilzinfektionen verursacht werden.

Beim Umpflanzen lassen sich Staudenpfingstrosen teilen (verjüngen) und angefressene Wurzelteile ausschneiden. 3–5 Grundknospen pro Teilungsstück reichen aus.

Weidenzöpfe (links oben), Schafdraht (links unten) und Spanndraht (rechts) als Stützringe für Pfingstrosen.

Ringe, die man parallel zum Pflanzenwachstum höher schieben kann.
Meine eigene Erfindung sind **Stützringe aus Weidenzöpfen.** Sie lassen sich aus den Trieben der Korbweide flechten, die man im Spätwinter schneidet. Sie sind sehr hübsch und praktisch, halten aber nur drei bis vier Jahre der Witterung stand. Der Fotograf Rudolf Wittmann windet sich Ringe aus grünem **Spanndraht.** Gut eignet sich auch **Schafdraht,** den man zu Ringen biegt. Die Triebe können hindurchwachsen und man sieht bald nichts mehr von der Stütze. Päoniengruppen sollte man von ihrer Mitte her stützen, damit die Gruppe nicht auseinander fällt.

In diesem ländlichen Garten werden die Pfingstrosen einfach mit einem langen Brett gestützt.

Das Stützen der Staudenpfingstrosen

In Schrebergartenkreisen sind Pfingstrosen als »Umfaller« bekannt, und tatsächlich sind die voll gefüllten Blütenköpfe besonders während lang anhaltender Regenperioden für die Stiele oft zu schwer. Vor allem die Historischen Staudenpäonien sind gefährdet, weil sie zwischen ihren zahlreichen Blütenblättern sehr viel Regenwasser festhalten. Leider treten bei uns gerade im

Juni zur Blütezeit der Lactiflora-Päonien sehr oft feuchte Witterungsperioden auf, man sollte daher nicht warten, bis die Päonientriebe von einem schweren Regenguss umgelegt werden, sondern sie rechtzeitig stützen. Die Stützen sollen so hoch sein wie zwei Drittel der endgültigen Pflanzenhöhe, dann sind sie hoch genug, um die Blütenköpfe zu halten, aber so niedrig, dass sie noch vom Laub der Pflanze überwachsen werden. Nach meiner Ansicht ist es für die Gartenoptik günstig, wenn die Halterung mit der Pflanze »wachsen« kann, damit die leeren Stützen den Garten nicht verunzieren. Dafür eignen sich alle an Stäben aufgesteckten

Pflanzen und Pflegen von Strauchpäonien

Vermehrung der Strauchpäonien durch Veredelung und Teilung

Betrachtet man die wurzelnackten Strauchpäonienpflanzen, die man erworben hat, so erkennt man ohne weiteres die **Veredelungsstelle,** an der das **Edelreis** auf die dicke braune Wurzel einer Staudenpäonie veredelt wurde. Die meisten Zuchtsorten der Strauchpäonie werden auf diese Weise vermehrt, die im alten China mindestens seit dem Jahr 1600 angewendet und beschrieben wurde. Als Unterlage hat sich seit hunderten von Jahren die Wurzel der Staudenpäonie P. *lactiflora* bewährt.

Die Veredelung auf die Wurzel der Staudenpäonie gelingt jedoch nur bei jeder zweiten Pflanze. Das höchste Maß an Erfolg sind 70 Prozent, und es gehört viel Erfahrung und Wissen dazu, im August/September die Edelreiser dann zu schneiden, wenn sie genau im richtigen Reifestadium, der so genannten **Augustreife** sind.

Die Ammenwurzel muss von jungen, kräftigen Lactiflora-

Junge Veredelung der japanischen Strauchpäonie 'Kokamon' mit *Paeonia lactiflora* als Ammenwurzel.

Pflanzen oder von der wilden Strauchpäonie *Paeonia delavayi* stammen, denen es während des Sommers gut gegangen ist. Das Schneiden und Veredeln geschieht am selben Tag und ist handwerkliche Maßarbeit.

Die Veredelung auf Delavayi-Päonien

Wolfgang Gießler, ein experimentierfreudiger Baumschuler, fand heraus, dass sich auch die Wurzel der **wilden Strauchpäonie** P. *delavayi* als Unterlage zum Veredeln eignet. Es zeigte sich sogar, dass die Erfolgsquote mit dieser Unterlage wesentlich größer ist als bei der Veredelung auf die Lactiflora-Wurzel. 90 Prozent und mehr der Veredelungen gelingen ohne Probleme. Das

Verfahren ist vom Erfinder zum Patent angemeldet und könnte die Veredelungspraxis bei Strauchpäonien langfristig verändern.

Die Veredelung geschieht – wie bei Rosen – im Freiland auf 20 cm lange Wurzeln der jungen Sämlingsunterlage. Dabei richtet sich die Art des Veredelungsschnittes nach dem Zustand des Edelreises und nach der Jahreszeit. Der Veredelungsprozess dauert einschließlich Vorbereitung von Mai bis Oktober. Die handwerkliche Geschicklichkeit, vor allem aber die große Erfahrung beim Okulieren, die den Baumschuler erkennen lässt, ob das Auge des Edelreises reif ist, sind auch bei dieser Methode der Veredelung qualitätsentscheidend.

Der Vorrat an jungen Unterlagen entscheidet über die Quantität der Produktion. Wolfgang Gießler sät die P. *delavayi* kiloweise sofort nach der Samenreife aus,

In jedem Fall stellt ein Rückschnitt der Strauchpäonie einen erheblichen Eingriff in ihren Vegetationszyklus dar, und so ist es kein Wunder, dass die meisten Pflanzenratgeber vom Rückschnitt völlig abraten.

sie gehen im nächsten Frühjahr auf und bilden für die Veredelung brauchbare Wurzeln. Die *P. delavayi*-Sämlinge werden in Dämme gepflanzt und stark gewässert, damit sie sich den Sommer über gut entwickeln. Die Bewässerung geschieht von unten, weil eine Beregnung von oben Pilzbefall fördern würde. Im September/Oktober wird abgehäufelt und fast ausschließlich mit der Methode des **Okulierens** veredelt. Das Abhäufeln wird nur in kleinen Partien von zehn Pflanzen vorgenommen und diese werden noch in derselben Stunde okuliert, damit die Rinde der Unterlage nicht antrocknet.

In diesem Park gedeihen Strauchpäonien im Windschatten eines Gehölzrandes; im Vordergrund 'Louise Mouchelet'.

Das Abstoßen der Unterlage
Gleichgültig, ob die Unterlage der Strauchpäonie aus einer Lactiflora- oder einer Delavayi-Wurzel besteht, sie wird mit der Zeit abgestoßen. Ist die Jungpflanze gut eingewachsen, so bildet das Edelreis eigene Wurzeln, wodurch die Pflanze wüchsiger und widerstandsfähiger wird. Wenn man bereit ist, einen höheren Preis für Strauchpäonienpflanzen zu bezahlen, so erhält man auch zweijährige und mehrjährige Pflanzen, bei denen das Edelreis schon eigene Wurzeln gebildet hat.

Kann man Strauchpäonien durch Teilung vermehren?
Wer selbst Strauchpäonien besitzt, den wird es bei der Vorstellung, diese aufzunehmen und zu teilen, schaudern. Und doch ist das möglich, jedoch nur dann, wenn eine Pflanze sehr viele gut bewurzelte Basistriebe besitzt. Das ist je nach Art und Sorte nach zwei bis sechs Jahren der Fall. Als Sorteneigenschaft findet man ein derart breitbuschiges Wachstum auf **Wurzelsprossen** bei Kreuzungen mit *Paeonia lutea* oder *P. delavayi*. Tatsächlich werden Sorten wie 'Black Pirate' in amerikanischen Betrieben durch Teilung vermehrt und sind wegen der langjährigen Herstellungsprozedur entsprechend teuer. Auch die botanische *P. delavayi* kann man durch Teilung vermehren. Die Pflanzen werden vollständig aufgenommen und an den Verbindungsstellen der Wurzeln ge-

Veredelung und Teilung sind zur Zeit die einzigen in Vermehrungsbetrieben praktizierten Methoden, um Zuchtsorten der Strauchpäonie zu vermehren; durch die vegetative Vermehrung erhält man Pflanzenklone, die – wie man im englischen Sprachraum sagt – »true to name« sind, also sortenecht. Neue Sorten kann man dagegen nur durch Samen erzielen.

trennt (siehe Seite 75). Wenn man dies in der Ruhezeit der Strauchpäonien vornimmt, also im September, wachsen die Teilungsstücke auch wieder gut an.

Ein guter Standort für Strauchpäonien

Den Platz für die Strauchpäonien im Garten wird man bereits auswählen, bevor man sie erwirbt. Dieser Platz sollte luftig und frei sein, aber auf keinen Fall im kalten Durchzug liegen. Günstig ist ein **Windschutz** im Rücken der Pflanze, auch wenn man sie dadurch nicht von allen Seiten betrachten kann. Die Strauchpäonien können in der Sonne stehen, aber auch im Halbschatten. Im tiefen Schatten werden sie kümmern, ein halber Tag Sonne ist das Minimum zum Gedeihen.

In der botanischen Literatur des alten China hieß es: *»Sie sind glücklich, wenn ihr Gesicht der Sonne zugekehrt ist, aber die Strauchpäonien halb in die Sonne und halb in den Schatten pflanzen nennt man die Pflanze ernähren«* (Needham u.a., Seite 41).

In Gegenden mit starken **Spätfrösten** ist es wichtig, die Strauchpäonie so zu pflanzen, dass sie nicht in der Morgensonne steht. Es ist nämlich nicht der nächtliche Frost, der den jungen Trieben zu schaffen macht, sondern die allzu schnelle Auftauphase in der Morgensonne!

Strauchpäonien brauchen Platz
Viele GärtnerInnen neigen dazu, alles zu eng zu pflanzen, weil die Gartenfläche begrenzt, die Vielfalt attraktiver Gartenpflanzen aber ebenso unbegrenzt ist wie neue Gestaltungsideen. Leider gehöre auch ich zu dieser unvernünftigen Spezies. Aber für die Strauchpäonie muss man unbedingt einen Platz von einem Quadratmeter freihalten oder nach und nach freimachen. Die wirklich begehrenswerte wilde *P. delavayi* wird zwei Meter hoch und kann bis zu fünf Meter breit werden!

Staunässe ist tödlich
Die Bodenansprüche der Strauchpäonie lassen sich zum Teil von ihrem Standort in der Natur ableiten. Diese Pflanzenarten sind Bergbewohner, sie bevorzugen alkalischen Boden. Auch neutraler oder leicht saurer Boden wird noch toleriert, aber stark saurer Boden muss mit Kalk oder alkalischem Dünger aufbereitet werden.

Noch wichtiger als der richtige **pH-Wert** ist ein guter **Wasserabzug.** Staunässe ist für Strauchpäonien tödlich! Eine meiner Gartenfreundinnen versuchte drei Jahre lang vergeblich, die Königin der Blumen in ihrem Garten anzusiedeln, dessen Fläche ursprünglich Teil eines großen Moorgebietes war. Alle Sorgfalt und Pflege halfen den Pflanzen nicht über die nassen Füße hinweg.
Dagegen kann den Pflanzen **winterlicher Frost** nichts anhaben. Diese Sträucher mit den tropisch anmutenden Großblüten überstehen in Oberbayern

Die Strauchpäonien-Hybride 'Tria' steht geschützt vor einer Hauswand.

Im Gegensatz zu den Staudenpäonien brauchen die Strauchpäonien nicht unbedingt winterlichen Frost zum Überleben. Sie gedeihen auch im mediterranen Klima und in den Südstaaten der USA.

klaglos anhaltende Frostperioden von −25 °C ohne Schutzmaßnahmen. Strauchpäonien sind im kontinentalen Klima zu Hause, die feuchtmilden Winter Großbritanniens schaden ihnen eher.

Das Pflanzen der Strauchpäonien

Strauchpäonien, die durch Veredelung vermehrt wurden, werden anders gepflanzt als Teilungsstücke. Während die kostbaren **Teilungsstücke** amerikanischer Strauchpäonien tief und senkrecht gepflanzt werden, gilt es bei der Pflanzung **veredelter Jungpflanzen** zwei Aspekte zu beachten. Man kann bei diesen Pflanzen zwei schreckliche Fehler machen, die ich meinen LeserInnen ersparen möchte.

Den ersten Fehler begehen besonders jene Gärtner, die reichlich Erfahrung mit Staudenpäonien gemacht haben: sie pflanzen die Strauchpäonie so flach, wie man eine Staudenpäonie pflanzt. Die Folge davon ist, dass die Unterlage in Form einer unbedeutenden *P. lactiflora* durchwächst und vom Edelreis der Strauchpäonie nichts übrig bleibt.

Als ich vor Jahren meine erste japanische 'Hana Kisoi' pflanzte, wusste ich schon, dass man die Veredelungsstelle 10–15 cm unter die Bodenoberfläche pflanzen muss, aber ich machte den zweiten möglichen Fehler und pflanzte sie – nach Anweisung – senkrecht. Die Jungpflanze gedieh prächtig, aber sie wuchs zu einem schmalen, trichterförmigen, hohen Strauch heran, der noch immer einer Stütze bedarf und nur schwer durch heikle Schnittmaßnahmen zu korrigieren ist (siehe Seite 81). Mit einem ganz einfachen Trick hätte ich einen buschigeren Wuchs erreichen können: Ich hätte die wurzelnackte Pflanze tief und **schräg pflanzen** müssen, denn setzt man die Pflanzen bis zu den obersten Augen schräg in das Pflanzloch, sodass die Veredelungsstelle gleichwohl unter der Erdoberfläche ist, wachsen aus den mit Erde bedeckten »schlafenden« Augen des Edelreises mehrere Basistriebe zusätzlich senkrecht nach oben. Überdies bildet das Edelreis bei schräger Pflanzung schneller eigene Wurzeln.

Bei dieser Art der Pflanzung ist den Herbst und Winter über, ja auch im Frühling (wegen des dunkel gefärbten Austriebes) von der Pflanze nicht viel zu sehen. Der **Pflanzplatz** muss daher gut sichtbar mit einem Stock **markiert** werden, denn eine Verletzung würde die Jungpflanze in diesem Stadium nicht überstehen.

Veredelte Strauchpäonien schräg und so tief pflanzen, dass die Veredelungsstelle 10–15 cm unter der Bodenoberfläche sitzt.

Veredelungsstelle

10–15 cm

Samenstand einer Strauchpäonie mit geöffneten Fruchtblättern. Die reifen Samen
sofort aussäen, bevor sie hart werden!

Das Pflanzloch vorbereiten

Das Pflanzloch lockert man zwei
Spaten tief auf und legt am
Grund, wenn nötig, eine Dränage aus Kies. Die Erde, mit der
man das Pflanzloch wieder auf-
füllt, verbessert man mit Kompost und Hornspänen. Stallmist
sollte nicht direkt mit den Wurzeln der Pflanze in Berührung
kommen. Dann hält man die
Jungpflanze schräg in das Pflanzloch, sodass sich die Veredelungsstelle mindestens 10 cm
unter der Bodenoberfläche befindet, füllt mit dem angerei-
cherten Substrat auf, drückt es
an und gießt reichlich an.

Diese Strauchpäonie wurde im vergangenen Winter an allen Trieben eingekürzt.
Sie treibt nun von unten aus, wird aber
in diesem Jahr nicht blühen.

Das Schneiden der Strauchpäonien

Wildformen der Strauchpäonien
wie zum Beispiel *Paeonia delavayi* werden nicht geschnitten,
und auch Edelsorten bedürfen,
wenn man sie richtig gepflanzt
hat, in der Regel keiner Korrektur.
Ohnehin widerstrebt es jedem
Gärtner, einen Strauch, der so
langsam wächst, einzukürzen.
Wenn jedoch eine Pflanze auch
nach mehreren Jahren noch
immer nur einen oder wenige,
dünne, unverzweigte Triebe auf-
weist, kann es sinnvoll sein, sie
zu beschneiden, damit die Triebe
kräftiger werden und sich verzweigen. Buschig wachsende
Sträucher sind besser belaubt,
blühen reicher und sind nicht
so windgefährdet wie trichter-
förmige.
Am günstigsten ist es, im Januar
oder Anfang Februar alle Triebe
um ein Drittel jeweils auf ein
Auge einzukürzen. Im nachfol-
genden März werden dann aus
den Triebstümpfen zwei oder
drei Augen austreiben und eine
Verzweigung bilden. Bei Päonien,
die sich zwar buschig, aber un-
gleichmäßig entwickeln, werden
zur selben Zeit die schwächsten
Triebe zurückgeschnitten, damit
diese kräftiger werden und sich
verzweigen.

Leider werden durch den Winter-
schnitt die **Blütenknospen** entfernt, die bekanntlich an den
Triebspitzen stehen. Es folgt auf
den Schnitt ein trauriger Frühling ohne Blüten.
Ein frisch gebackener Strauch-
päonienliebhaber könnte auf
die Idee kommen, den Rückschnitt gleich im Juni vorzuneh-
men, bevor sich die neuen Blütenknospen entwickeln. Ein
solcher Rückschnitt nach der
Blüte ist ja bei den meisten Blü-
tensträuchern üblich und sinnvoll. An der Strauchpäonie
würde man aber zusammen mit
dem oberen Triebdrittel fast alle
Blätter entfernen und die Ernährung der Pflanze schwer stören.
Der Rückschnitt würde zu diesem Zeitpunkt nicht eine Kräfti-
gung, sondern eine ernste,
vielleicht lebensgefährliche
Schwächung der Pflanze be-
wirken.

Eine Form des Schnittes muss aber in jedem Fall erfolgen, nämlich das **Entfernen der Fruchtstände** nach der Blüte, damit die Pflanze ihre Kraft für die Bildung der neuen Knospen nutzen kann. Im Winter werden **vertrocknete Triebstücke,** zum Beispiel die abgestorbenen Blütenstiele des Vorjahres, entfernt. Im Februar erkennt man schon die toten Zweigstücke. Manchmal sterben auch größere Partien der Triebe ab, was keine Katastrophe ist, denn die Pflanze wächst von unten herauf umso schöner nach. Abgestorbene Triebe werden auf das oberste lebende Auge heruntergeschnitten.

Dieses üppige Exemplar einer *Paeonia lactiflora* 'Jan van Leeuwen' wird ausschließlich mit einer speziellen Kompostlösung gedüngt.

Die Pflege der Strauchpäonien

Wer seine Strauchpäonie mit Bedacht gepflanzt hat, also tief genug und schräg, mit einem Windschutz im Rücken und einer guten Dränage unter den Wurzeln, der erlebt in den folgenden Jahren das Wunder einer vollkommen pflegeleichten Pflanze! Diese wird sogar umso schöner, je ungestörter sie wachsen darf.

Während Rosen Jahr für Jahr sorgfältig beschnitten werden müssen, was eine stachelige und – inklusive Entsorgung – aufwändige Gartenarbeit ist, sind bei den Strauchpäonien allenfalls ein paar dürre Zweiglein auszuschneiden. Während Blütensträucher wie *Forsythia* und *Kolkwitzia* in zwei- bis dreijährigem Turnus ausgelichtet werden müssen, fällt bei den Strauchpäonien nur die Freude über ein paar Zentimeter Zuwachs pro Jahr an. Selbst bei ungünstigster senkrechter Pflanzung einer japanischen Sorte reicht ein einmaliger Korrekturschnitt aus, und dieser stellt bei den paar vorhandenen weichen Holztrieben keinen großen Aufwand dar.

Das Düngen von Strauchpäonien

Wenn beim Pflanzen der Päonie die Erde im Pflanzloch hinsichtlich Humus- und Nährstoffgehalt verbessert wurde, benötigt die Pflanze in den ersten drei Jahren keine weiteren Düngergaben. Erst danach kann zurückhaltend gedüngt werden, und zwar je nach Bodenart ein- oder zweimal pro Jahr. Poröse, sandige

Stickstoffbetonte Überdüngung führt zu einem blütenarmen, mastigen Wachstum und einer gegen Infektionen und Frostschäden anfälligen Pflanze. Aus diesem Grunde sollten die Hobbygärtner, welche die mineralische Dünger bevorzugen, den Boden untersuchen lassen und nur die fehlenden Elemente durch spezielle Düngemittel ergänzen.

Böden erfordern je eine Düngung nach der Blüte und im Herbst. Bei allen anderen Böden reicht eine Düngung im Herbst. Die Amerikanische Päoniengesellschaft empfiehlt, pro Pflanze jeweils eine halbe Tasse Knochenmehl oder Hornspäne ringförmig um die Pflanze zu verteilen, und zwar bis zu 45 cm breit. Etwas üppiger kann man gut verrotteten Kompost oder Stallmist verteilen. Der organische Dünger wird vorsichtig ganz oberflächlich in die Krume eingearbeitet.

Manche Päonienexperten weisen besonders darauf hin, dass die Triebe der Pflanze nicht direkten Kontakt mit Kompost oder Stallmist haben sollten, damit keine Pilzinfektionen entstehen. Nach meiner Erfahrung sind jedoch der Gesundheitszustand der Pflanze und die Witterung ausschlaggebend für Infektionen und nicht das Vorhandensein von Keimen, die man letztlich aus dem Garten nicht verbannen kann.

Weitere Pflegetipps für Strauchpäonien

Für das Wohlergehen der Pflanze von Bedeutung ist insbesondere das Wurzelwachstum. Die Strauchpäonie hat wenige tief reichende dickfleischige **Haupt-**wurzeln,** daneben bildet sie viele, auch oberflächennahe **Feinwurzeln** aus. Die Wurzeln der Päonie darf man nicht verletzen, daher sollte eine oberflächliche Lockerung des Bodens im unmittelbaren Umfeld der Pflanze besser nicht oder nur sehr vorsichtig geschehen. Das Wachstum eines eigenen Wurzelsystems ist in den ersten Jahren nach der Pflanzung für das Gedeihen der Strauchpäonie entscheidend. Dieses Wachstum kann man durch eine **winterliche Mulchdecke** von 10 cm Dicke fördern, denn eine Laubschicht oder verrotteter Stallmist sorgen dafür, dass die Bodentemperatur gleichmäßiger ist und lange **über 0 °C** bleibt, eine Temperatur, bei der die Wurzeln bis weit in den Dezember hinein weiterwachsen können. Eine Mulchschicht verhindert auch das Hochdrücken der Pflanze durch Frost.

Das Stützen von Strauchpäonien

Strauchpäonien haben – wie bereits beschrieben – lange, relativ wenig verzweigte Basistriebe, die in den ersten zehn Jahren auch kaum dicker als ein Besenstiel werden. Das Laub andererseits ist üppig und großblättrig und bietet dem Wind viel Angriffsfläche. Zudem sind die riesigen Blüten – oft auch noch voll gefüllt – bei Regen für das zarte Astgerüst eine schwere Last. Daher ist es sinnvoll, auch für hochstrauchige Exemplare ein Stützsystem aufzubauen. Für niedrig bleibende Sorten eignen sich die bei den Stau-

Ein sehr stabiles Stützsystem für hochstrauchige Päonien bilden Bambusstäbe, auf die man ein Band aus Sechseckdraht steckt.

denpäonien gezeigten Varianten. Diese reichen aber für hoch wachsende Sorten nicht aus. Hier hat es sich bewährt, aus Bambusstangen eine Pyramide oder ein Tipi mit drei oder mehr Stangen zu stecken und die senkrechten Streben evtl. durch Querstreben zu verstärken. An diesem Gerüst können die Triebe befestigt werden. Für hochstrauchig wachsende Sorten mit üppigem Laub hat sich ein breites Band aus großmaschigem Sechseckdraht (rostgeschützt) bewährt. Es wird in der Höhe der neuen Triebe auf Bambus-

stäbe gesteckt, und zwar so rechtzeitig, dass die sich entfaltenden Blätter durch die Maschen wachsen können. Nach drei Wochen ist von dem Draht nichts mehr zu sehen und die Pflanze wird absolut zuverlässig gestützt. Wenn die Blätter im Herbst abgefallen sind, kann der Draht entfernt werden. Es versteht sich, dass man solche Stützsysteme bauen muss, solange die Triebe noch sprossen. Während das Laub sich entfaltet, kann es in die fertigen Stützen hineinwachsen und diese verdecken.

Diese *Paeonia suffruticosa* 'Negricans' wird mit einem Eisenring gestützt.

Krankheiten und Schädlinge bei Strauch- und Staudenpäonien

Pilzerkrankungen

Bei lang anhaltendem feuchtwarmem Frühlingswetter und nach häufigen Regenfällen kann es passieren, dass Päonien vom **Päonien-Grauschimmel** *(Botrytis paeoniae)* befallen werden. Durch diese Pilzinfektion welken die jungen Triebe und Blütenknospen und werden grau. Am besten ist es, sofort nach der Entdeckung des Malheurs die befallenen Triebe bis in das gesunde Holz abzuschneiden und zu verbrennen.

Seltener tritt **Päonienrost** *(Cladosporium paeoniae)* mit kleinen roten, später schwarz verfärbenden Punkten auf den Stielen und Blättern auf. Auch dabei muss man die befallenen Pflanzenteile abschneiden und verbrennen.

Glücklicherweise sehr selten ist der *Verticillium*-Pilz, der in den Nahrungskanälen der Stängel schmarotzt und die komplette Pflanze ganz plötzlich zum Absterben bringt.

Alle Pilzerkrankungen kann man theoretisch mit Fungiziden bekämpfen.

Triebteile von Päonien, die von Grauschimmel, Päonienrost oder dem *Verticillium*-Pilz befallen sind, sollten großzügig ausgeschnitten und verbrannt werden.

Erfolg stellt sich jedoch nur dann ein, wenn schon im Februar/März vorbeugend und danach mehrfach wiederholt gespritzt wird. Tatsächlich sind solche massiven Pflanzenschutzmaßnahmen im Privatgartenbau nicht mehr erlaubt und nur im Schnittblumenanbau erforderlich.

Päonien-Schädlinge

Neben Pilzerkrankungen können auch Schädlinge die Päonien bedrohen. Mikroskopisch kleine Würmer, die **Wurzelgallenälchen,** können die Wurzeln angreifen, die sich dann verformen und Gallen bilden. Derart geschädigte Wurzeln können die Pflanze nicht mehr ausreichend ernähren.

Eine Päonie mit allzu kurzen Stielen, blassen Blättern und wenig Blüten kann das Ergebnis dieses Schädlingsbefalls sein. Wurzelgallenälchen kommen besonders in leichten und armen Böden vor und sind für die meisten Gartenpflanzen eine Plage. Durch Anreicherung des Bodens mit organischen Düngern und durch Zwischenpflanzung mit *Tagetes* kann man sie bekämpfen. An meinen Strauchpäonien kriechen im Frühsommer zahlreiche **Schnirkelschnecken** empor. Sie sind auf der Suche nach

den zarten winzigen Knospen, die in den Blattachseln für das nächste Jahr ausgebildet werden. Ich sammle die Schnecken in ihren Häuschen ab, obwohl ich vermute, dass diese winzigen Tierchen keinen allzugroßen Schaden anrichten können. **Nacktschnecken** interessieren sich glücklicherweise nicht für Päonien, mit einer Ausnahme: Die jungen Sämlingspflanzen fallen ihnen sofort zum Opfer! Sämlingspflanzen in Töpfen sollte man daher an einen sicheren Ort stellen und die Sämlingsbeete mit Schneckenkorn schützen.

Rehe und **Hasen** mögen Päonienblätter nicht, **Wühlmäuse** probieren die Wurzel höchstens, fressen sie jedoch nicht.

Freude an Pfingstrosen

Päonien sind altmodische Blütenstauden, wenn man an die Bauernpfingstrosen und an die duftenden historischen Päonien denkt, und
sehr moderne Gartenpflanzen, wenn man die farbenfrohen, straff
aufrecht wachsenden Hybriden vor Augen hat.

Mit ihrer großen Vielfalt, die von der niedrigsten Staude bis zum übermannshohen Strauch reicht, ist auch eine sehr vielfältige Verwendung in Gärten und Parks möglich.

Schon immer waren Staudenpäonien als Schnittblumen beliebt, es gab Zeiten, da verbannte man diese Pflanzen in die Schnittblumenbeete in der Nähe des Küchengartens. Heute beschäftigt sich eine ausgedehnte Industrie mit der Erzeugung von Päonien als Schnittblumen. Ob wir die Päonie als Schnittblume oder blühende Staude lieben: die Zeit der Freude ist kurz und lässt sich nur durch Trockensträuße verlängern.

Staudenpfingstrosen im Garten

Staudenpäonien sind ein unersetzlicher Bestandteil von **Arznei-** und **Duftgärten**. Auch

◀ Pfingstrosen im Arzneigarten zwischen Baldrian und Salbei: eine nahezu antike Pflanzenkombination.

Themengärten mit weißen oder rosa Farbtönen können auf Päonien nicht verzichten, die nicht nur eine unerschöpfliche Farbpalette in Weiß und Rosa zu bieten haben, sondern auch eine durch geschickte Sortenwahl verlängerte Blütezeit von Ende April bis Ende Juni. Die Verwendungsmöglichkeiten als Solitäre, in Gruppen, im Beet und in der gemischten Staudenrabatte hängen von der Wuchsform und -höhe, von der Blütenform und -farbe sowie von der Blütezeit ab.

Pfingstrosen im Bauerngarten

Was wäre ein Bauerngarten ohne Pfingstrosen? Die dicht gefüllten Blüten der *Paeonia officinalis* 'Rubra Plena', 'Alba Plena' und 'Rosea Plena' bilden unbezweifelbar einen Höhepunkt des Gartenjahres. Ursprünglich aus den Klöstern als Medizinpflanze eingewandert, dient die ehemals als »Gichtrose« bekannte Pfingstrose heute nur als Schmuckstück. Meist wird sie als Solitär-

Eine pflegeleichte Kombination sind Bauernpfingstrosen und Akeleien; letztere sorgen für ein lange Nachblüte.

pflanze gehalten, so wie sie es liebt, oder doch – mit gebührendem Abstand – zu Rittersporn und Spätblühern. Gut geeignet als Begleitpflanzen sind Iris, die ihre Rhizome ebenso oberflächennah lagern wie die Pfingstrosen ihre »Rübchen«. Das schwertförmige, hellgrüne Laub der Iris bildet einen schönen Kontrast zu den rundlich gefiederten Päonienblättern. Die riesige Farbskala der Iris-Sorten erlaubt ebenso kontrastierende wie auch harmonisierende Farbkombinationen. Die ideale Kombination zu roten, weißen und rosa blühenden Pfingstrosen sind in meinen Augen die zur selben Zeit blühenden *Iris germanica* mit ihren leuchtend blauen Bartblüten.

Als Begleitpflanzen eignen sich alle diejenigen Stauden, die – wie die Päonie – einen reichhaltigen, durchlässigen Boden und eine sonnige Lage lieben. Der Rittersporn mit seinen kühlen weißen und blauen Farben und seinen spitzen Blütenähren bildet den klassischen Kontrast zu den runden Stauden- und Blütenformen der Päonien.

Päonienbeete verwirklichen

Es spricht einiges dafür, ein eigenes Päonienbeet anzulegen, zumal dann, wenn man verschiedene Sorten sammeln will. Der Abstand zwischen den Pflanzen sollte etwa so groß sein, wie die Sorte hoch wird. Die Päonienbeete im Sichtungsgarten von Weihenstephan mit vielen verschiedenen Sorten haben eine sehr gelungene, harmonisierende Unterpflanzung aus **Stauden,** wie mit Frauenmantel *(Alchemilla)* und winterhartem blauem Storchschnabel *(Geranium magnificum)*. Diese Begleitpflanzen müssen allerdings nach der Blüte geteilt und streng im Zaum gehalten werden, damit sie die Pfingstrosen nicht bedrängen (Foto siehe Seite 21).

Um die Blütezeit auf dem Päonienbeet zu verlängern, kann man **Zwiebelblumen** zusammen mit den Päonien pflanzen. Schneeglöckchen, Schneeglanz, Krokus, Schachbrettblumen, und botanische Tulpen können sich mit der Zeit ausbreiten und mit den Päonienhorsten arrangieren. Sie brauchen keine Art von Pflege, welche die Päonienwurzeln stören würde. Päonienbeete kann man als klassische Rabatte oder als runde oder dreieckige Inselbeete im Rasen anlegen. Um Wirkung in der Gartenlandschaft zu erzielen, sollte man **Inselbeete** aber nur einheitlich in einer Sorte oder Farbe bepflanzen. Dafür bieten sich die aufrecht wachsenden und reich blühenden Hybriden an, die mit ihren leuchtenden Rot- und Korallentönen Farbe in grüne Gartenräume bringen. Ebenso geeignet für die Gruppenbepflanzung sind die einfach blühenden Malerpäonien, die niedrig wachsenden buschigen Päonien aus der Städteserie von Goos & Koenemann und die Päonien japanischen Typs. Grundsätzlich sind einfach blühende Lactiflora-Päonien standfester als gefüllte und moderne Hybriden standfester als historische Päonien.

Paeonia officinalis 'Rubra Plena' in einer gemischten Rabatte mit Storchschnabel und hellblauen *Iris sibirica;* der Mohn im Hintergrund bildet eine glühende Kulisse.

Die historische Pfingstrose 'Madelon' (oben) und die japanische Sorte 'Meigetsuko' sind wegen ihres niedrigen und standfesten Wuchses ideal für Inselbeete.

Pfingstrosen in der gemischten Staudenrabatte

Das Mindestmaß für eine gemischte Staudenrabatte sind 120 cm Tiefe und 8 m Länge. Wenn man bedenkt, dass die meisten Päoniensorten 80 cm Abstand zur nächsten Pflanze verlangen, ist dieses Minimum leicht zu erklären. Für die gemischte Rabatte eignen sich Päoniensorten mit kräftiger Vegetation, die sich von den anderen Stauden nicht bedrängen lassen. In der Rabatte werden die Pflanzen in **dreieckigen oder ovalen Plätzen** gruppiert. Von den Päoniensorten, die man auswählt, werden immer **zwei bis drei Exemplare** zusammen gepflanzt.

Schön zu Päonien, aber heikel in der Pflege sind Madonnenlilien. Für eine Vorblüte können Allium, für eine Nachblüte Spornblume, Lichtnelken, Astern, japanische Anemonen und Chrysanthemen sorgen. Eine gemischte Rabatte mit Päonien und verschiedenen Asternsorten ist ideal, weil sie zwei Blühhöhepunkte im Jahr bietet.

Die spät blühenden Päonien treffen mit der Rosenblüte zusammen. Mit ihnen lassen sich Gartenträume in Weiß und Rosa erfinden.

Staudenpfingstrosen im Steingarten

Eigentlich sind auch die niedrigsten Päonienarten und -sorten für einen klassischen Steingarten noch zu hoch. Allenfalls die botanischen Staudenpäonien, die in ihrer gebirgigen Heimat nicht so hoch werden, eignen sich für ein Alpinum. Unter ihnen sind es die niedrig wachsende *Paeonia officinalis, P. tenuifolia* mit ihrem filigranen Laub, die gelbe *P. mlokosewitschii,* die jedoch die Sonnenabseite liebt, und *P. × smouthii* mit ihrer langen Blütezeit, die am ehesten für die Steingartenbepflanzung in Betracht kommen.

Staudige und strauchige Päonien im naturnahen Garten

LiebhaberInnen naturnaher Gärten werden botanische Päonien vorziehen. In der Tat fügen sich die roten, rosafarbenen, weißen und gelben einfachen Blüten dieser wilden Schönen in jede naturnahe Bepflanzung ein. Ihr schönes Laub und der überwiegend niedrige Wuchs passen zwischen Gräser und Kräuter. Die Kulturformen von *Paeonia officinalis* gedeihen sogar im Gras, wenn man ihnen nur die Wildkräuter vom Leibe hält. Alle botanischen Staudenpäonien sehen auf Freiflächen wie auch am Gehölzrand bezaubernd aus.

Strauchpäonien im Garten

Ein wirklich unvergessliches Erlebnis sind die botanischen Strauchpäonien als Bestandteil kleiner Gehölze, Vorpflanzung vor lockeren Hecken oder in Gesellschaft mit Kerrie, Zierquitte, Kolkwitzie oder Deutzie.

Den edlen Zuchtsorten der Strauchpäonien wird man dagegen einen Platz einräumen, wie er der Königin der Blumen gebührt. Für sie wird man einen geschützten Präsentierteller vor einer geschnittenen Hecke, einer Mauer oder einem Spalier finden. Vor Durchzug und fremdem Wurzeldruck geschützt, aber luftig und frei soll die Strauchpäonie zur Geltung kommen. Als Begleitpflanzen für hochstrauchig wachsende Päonien bieten sich niedrige *Geranium*-Sorten und Polsterglockenblumen an, die eine zurückhaltende Bodendecke bilden. Das manchmal etwas sperrige Astgerüst der japanischen Strauchpäonien

kann man durch höher wachsende Stauden umschmeicheln, welche die Strauchpäonie nicht bedrängen. Für den halbschattigen Standort eignen sich Tränendes Herz, Fingerhut und Akelei.

Päonien als Schnitt- und Trockenblumen

Drei bis vier Jahre lang lässt man Pfingstrosen wachsen, bevor man von ihnen Stiele für die Vase schneidet. Auch danach nimmt man nur zwei bis drei Stiele pro Pflanze und schneidet **nicht mehr als ein Drittel der Triebe** ab, denn die Päonienpflanzen brauchen ihr

Laub zur Ernährung. Am kürzesten schneidet man Strauchpäonien für die Vase, und zwar nur etwa 20 cm im krautigen, noch nicht verholzten Trieb.

Schnittblumen

Wer eine Bauernpfingstrose für die Vase schneidet, weiß, dass er diese Pracht schnell genießen muss. Nach einem Tag schon springt die Blüte aus der Knospe, nach drei Tagen wirft sie mit einem einzigen Schwall all ihre tiefroten Blütenblätter auf den Tisch. Dagegen sind Lactiflora-Päonien und viele moderne Hybriden Königinnen der Haltbarkeit. Schneidet oder erwirbt man sie noch knospig, so halten sie bei guten Bedingungen 10 bis 14 Tage, gehen in der Vase auf, schieben ihre Kronenblätter hervor und duften bis zum letzten Tag. Pfingstrosen sind durstig, sie brauchen viel Wasser und ihre Stiele sind druckempfindlich, daher sollte man die Sträuße nicht binden.

Schnittblumen im Erwerbsgartenbau

Die meisten Päonien, die bei uns als Schnittblumen in den Blumengeschäften angeboten werden, stammen aus den Niederlanden. Fast fünf Millionen Blütenstiele

Akeleien sind ideale Begleitpflanzen für Strauchpäonien, weil sie keine Bodenbearbeitung benötigen. Hier begleiten sie die Strauchpäonien-Hybride 'Guardian of the Monastery'.

Nur als Trockenblumen kann man Pfingstrosen das ganze Jahr über genießen.

werden von niederländischen Betrieben jedes Jahr in Europa verkauft. Demgegenüber bringen französische und italienische Erzeuger weniger Masse als Klasse hervor. Sie vertreiben so exklusive historische Päonien wie 'Albert Crousse', 'Baroness Schroeder' und 'Lady Alexandra Duff'. Diese Schnittpäonien werden sogar in die USA verkauft. In der Schnittpäonienproduktion werden ab dem dritten Pflanzjahr fünf bis acht Blütenstiele von jeder Pflanze geschnitten. Die Päonienpflanzen altern durch diesen Stress relativ schnell. Sie werden nur acht bis höchstens 15 Jahre alt und nicht hundert Jahre wie ihre Schwestern im Garten. Damit die Blüten so groß wie möglich

werden, bricht man die Seitenknospen aus. Geschnitten wird frühmorgens und spätabends, und zwar kurz vor dem Aufblühen. Je schneller die Stiele in das Kühlhaus gelangen, desto haltbarer sind die Blumen. Gelagert und transportiert wird bei 0 °C. Auf diese Weise sorgfältig behandelte Päonien halten sich – je nach Sorte – 10 bis 15 Tage in der Vase. Je länger allerdings die Päonienstiele im Kühlhaus gelagert wurden – und das ist bis zu dreißig Tage möglich –, desto kürzer ist ihre Haltbarkeit in der Vase.

Trockenblumen

Gefüllte Päoniensorten lassen sich noch besser trocknen als

Rosen, sogar ihr Duft bleibt lange erhalten. Man trocknet sie entweder stehend in der Vase, indem man nur so viel Wasser zugibt, dass die Knospen etwas aufgehen. Etwas aufwändiger ist es, sie einzeln hängend zu trocknen. Am besten konserviert werden Blütenform und -farbe in einem sandförmigen Trocknungsgel, das z. B. die Firma Linnemann anbietet. Trockenblumen sind die einzige Form, in der wir Pfingstrosen das ganze Jahr über genießen können. Als frische Blumen bleiben sie ein Produkt der Saison. Das ist für uns Päonienliebhaber ein Glück, denn auf diese Weise bleibt die Pfingstrose wie schon im alten China ein Symbol des späten Frühlings und des frühen, verheißungsvollen Sommers.

auf einen blick

- Pfingstrosen eignen sich nicht nur für den Bauerngarten, sie sind ebenso prachtvolle wie dauerhafte Leitpflanzen für die Staudenrabatte.
- Den absoluten Höhepunkt eines Gartens bilden blühende Strauchpäonien.
- Die meisten Staudenpfingstrosen sind haltbare Schnittblumen und eignen sich sogar zum Trochnen.

Anhang

Pfingstrosensorten der deutschen Züchter Goos & Koenemann (siehe Seite 18ff.)

Staudenpfingstrosensorten

- 'Gretchen', 60 cm, weiß gefüllt, Rosenform, 1911
- 'Emmchen', schneeweiß, außen lichtlila, Nelkenform, mittel, 1920
- 'Silberschmelze', dicht gefüllt, ballförmig, cremeweiß mit rosa Strichelung, 1937
- 'Goldrose', Schale leuchtend rosa, dunklere Füllung, 1951
- 'Granat', leuchtend granatrot, einfach, mit goldenen Staubgefäßen, 1951
- 'Teerose', weiß mit gelber Mitte, 1951

Städte-Serie mit gefüllten Blüten

- 'Straßburg', lilarosa, großblumig, 22 cm, früh, 1911
- 'Wiesbaden', frischrosa und fleischfarben schattiert, sehr reich blühend, Gruppensorte, 1911
- 'Asmannshausen', reinweiße Nelkenform, gedrungen, spät, 1912
- 'Biebrich', zart fleischfarben, flache Nelkenform, spät, 1912
- 'Königswinter', weiß mit lila Hauch, hohe, geschlossene Blüte, mittel, 1912
- 'Lorch', schneeweiß mit lichtlila Anflug, in Rosenform gefüllt, 1913
- 'Rauenthal', lila mit Silberschein, duftige Rosenform, früh, 1913
- 'Kaub', silbrig rosa, flache Rosenform gefüllt mit Federblättchen, 1920
- 'St. Goar', rosa Schale zart fleischfarben gefüllt, blüht in Büscheln, Gruppensorte, mittel, 1920
- 'Heimburg', 100 cm, kirschrot, früh–mittel, 1926
- 'Hohenbuchau', 90 cm, rosa locker gefüllt, reich und in Büscheln blühend, spät, 1926
- 'Mainz', aufrecht, elfenbeinweiße schneeballähnliche Blüten, duftend, mittel, 1926
- 'Waldaffa', weiß mit lichtlila Anflug, Mitte licht lachsfarben, früh, 1926
- 'Rüdesheim', zart fleischfarben, früh–mittel, 1927
- 'Marxburg', glänzend dunkelamaranthrot, mittel, 1930

Maler-Serie mit einfachen Blüten

- 'Dürer', 80 cm, weiß, 1910
- 'Holbein', 100 cm, hellseidenrosa, flache Blütenschalen, 1910
- 'Murillo', 70 cm, licht fleischfarben, rosenartige Knospe, 1910
- 'Watteau', 80 cm, als Knospe teerosenfarbig, licht fleischfarben, besonders große Blüten 1911
- 'Angelika Kaufmann', 80 cm, weißrosa, früh, 1912
- 'Hogarth', 100 cm, mahagoni-purpurn, sehr haltbare Schnittblume, 1912
- 'Schwindt', 100 cm, karminrosa mit Silberrand, 1919
- 'Rembrandt', leuchtend blutrot mit Atlasglanz, mittel, 1920
- 'Thoma', 110 cm, lilarosa, reich blühend, mittel, 1920
- 'Ludwig Richter', pfirsichfarben, 1924
- 'Franz Hals', standfest, große, flache Blütenschalen in Purpuramaranth, blüht in Büscheln, 1930
- 'Philipp Otto Runge', weiß mit lila Schattierung, großblumig, gedrungen, 1937
- 'Buchhügel', zartrosa, spät blühend 1951(?)
- 'Uhde', dunkelpurpurrot mit goldgelber Mitte, 1951

Strauchpäoniensorten (alte Bezeichnung: Japanische *Paeonia arborea*, von Goos & Koenemann eingeführt ab 1912):

- 'Colorado', 100 cm, reinweiß, halb gefüllt
- 'Dakota', kirschrosa, großblumig
- 'Eos', Riesenblumen, reines zartes Rosa, karminroter Fruchtknoten halb gefüllt
- 'Etna', glühend feuerrot
- 'Illinois', karminrot, großblumig
- 'Kansas', reinweiß, Fruchtknoten weiß
- 'Massachusetts', zartrosa
- 'Nebraska', zartrosa mit kirschrotem Mittelstern
- 'New York', reinweiß mit kirschrotem Mittelstern, reich blühend, großblumig
- 'Orkus', schwarzrot, glänzend seidig mit leuchtend goldgelben Staubgefäßen
- 'Pennsylvania', leuchtend lachsrot
- 'Wyoming', fleischfarbig rosa

Bezugsquellen, Adressen, Literatur

Bezugsquellen

Ahrens Hosta & Päonien
Inhaber Thomas Ahrens
Fasanenweg 23
21717 Fredenbeck
Tel.: 04149/1640
(Botanische Päonien als Sämlinge
und Teilungspflanzen und klassische
Itoh-Hybriden aus eigener Vermehrung
und Zukauf in kleinen Stückzahlen.
Sortenliste mit Abbildungen!)

Bäuerlein's Grüne Stube
Inhaber: Horst und Ingrid Bäuerlein
Haselweg 18
93077 Bad Abbach-Peising
Tel.: 09405/3897
(Staudenpäonien aus eigener Vermehrung. Sämlingspflanzen von botanischen Staudenpäonien. Getopfte
Pflanzen per Selbstabholung; wurzelnackte Sämlingspflanzen und Teilstücke werden zur Pflanzzeit im Herbst
versandt. Katalog)

Burghard Ebert
Damaschkestraße 10
39240 Zuchau
Tel.: 039295/27222
(Botanische Staudenpäonien und
Sämlingspflanzen von *Paeonia rockii*
aus eigener Vermehrung in kleinen
Stückzahlen an Liebhaber abzugeben.
Versand wurzelnackter Pflanzen im
Herbst)

Wolfgang Gießler
Baumschule und landwirtschaftlicher
Betrieb.
Fabrikstraße 27
39240 Groß Rosenburg
Tel.: 039294/20768
(Ab 2004 2–4-jährige jap. und amerik.
Strauchpäonien aus eigener Verede-
lung auf *P. delavayi*. Versand und
Abholung wurzelnackter Pflanzen
ausschließlich im Herbst. Sortenliste
erfragen!)

Andreas Hilleberg
Riesengebirgsstraße 11
65396 Walluf
Tel.: 06123/75951
(Staudenpäonien von Goos & Koenemann in kleinen Stückzahlen an Liebhaber abzugeben.Versand wurzelnackter Pflanzen im Herbst)

Albrecht Hoch
Importeur von Pflanzenspezialitäten
Inhaberin Irene Hoch
Potsdamer Straße 40
14163 Berlin-Zehlendorf
Tel.: 030/8026251
(Historische und amerikanische Stau-
denpäonien sowie amerikanische
Strauchpäonien. Versand von wurzel-
nackten Pflanzen. Exquisite Kataloge!)

Harald Juhr Taunusgarten
Gartenbaubetrieb mit Schau- und
Sichtungsgarten
Inhaber Harald Juhr
65719 Hofheim-Wallau
Tel.: 06122/980636
(400 Staudenpäoniensorten und botanische Päonien aus eigener Vermehrung, 100 Strauchpäoniensorten aus
Importware und aus eigener Veredelung. Katalog mit Hinweisen)

**Kayser & Seibert Odenwälder
Pflanzkulturen**
Inhaber Klaus Seibert
Wilhelm-Leuschner-Straße 85
64380 Roßdorf
Tel.: 06154/9068
(Preiswertes kleines Sortiment his-
torischer und botanischer Stauden-
päonien aus eigener Vermehrung. Im
Frühjahr Versand getopfter Ware aus
eigener Kultur und Selbstabholung.
Sortenliste)

Staudengärtnerei Klose
Inhaber Heinz Richard Klose
Rosenstraße 10
34253 Lohfelden bei Kassel
Tel.: 0561/515555
(Mehr als 600 Staudenpäoniensorten
aus eigener Kultur. Versand von wur-

zelnackten Pflanzen im Herbst; einzelne Sorten auch im Frühjahr als getopfte Ware. Umfangreicher bebilderter
Katalog!)

Wolfgang Linnemann Strauchpäonien
Rheindorfer Straße 49
53225 Bonn-Beuel
Tel.: 0228/471448
www.paeonien.com
(200 Strauchpäoniensorten sowie einige Wildformen aus Direktimport. Versand wurzelnackter Ware im Herbst.
Versand von Silicagel zum Trocknen
von Päonienblüten)

Staudengärtnerei Eberhard Otto
Hechinger Straße 19
72622 Nürtingen
Tel.: 07022/8683
(40 Lactiflora-Päoniensorten als Frei-
landballenware aus eigener Vermehrung, auch größere Mutterpflanzen.
Selbstabholung nach Vorbestellung im
März und/oder September.)

Päonien Garten
Inhaber Lothar und Martin Parlasca
Am Steinberg 11
60437 Frankfurt/M.
Tel.: 06101/541466
www.paeoniengarten.de
(250 chinesische Strauchpäoniensorten aus Direktimport und 80 vor allem
amerikanische Staudenpäoniensorten
aus eigener Vermehrung. Sortenliste
mit Abbildungen)

**Sortiments- und Versuchsgärtnerei
Simon**
Inhaber Werner Simon
Staudenweg 2
97828 Marktheidenfeld
Tel.: 09391/3516
(Historische und botanischen Stauden-
päonien, Sortiment an kostbaren
Strauchpäonien aus eigener Verede-
lung. Versand getopfter, gut verwurzel-
ter Pflanzen im Oktober und Novem-
ber, bei Staudenpäonien auch
Selbstabholung. Katalog und Päonien-
liste!)

Pfingstrosenparadies
Inhaber Stephan Tetzlaff
Lütticher Straße 38
40547 Düsseldorf
Tel.: 0211/553671
(175 Staudenpäoniensorten aus eigener Vermehrung, 160 Strauchpäoniensorten samt Itoh-Hybriden, zum kleinen Teil aus eigener Veredelung, überwiegend aus Direktimporten. Lieferung der Pflanzen wurzelnackt im Herbst. Ware teilweise auch getopft im Frühjahr erhältlich. Exklusiver Katalog mit 200 Abbildungen)

Staudengärtnerei Gräfin von Zeppelin
Inhaberin Aglaja von Rumohr
79295 Sulzburg-Laufen/Baden
Tel.: 07634/69716
www.graefin-v-zeppelin.com
(120 Staudenpäonien, über 50 Strauchpäonien samt Itoh-Hybriden, Versand wurzelnackter Feldware im Herbst, einige Sorten auch als getopfte Ware im Frühjahr. Exquisiter Katalog!)

Josef Halda
PO Box 110
50101 Hradec Kralové 2
Czech Republik
(Saatgut von botanischen Päonien gegen Vorkasse in Einschreiben, Preise US $ 5.00 für 6–10 Samenkörner. Artenliste über die Fachgruppe Päonien, siehe Adressen)

Adressen

**Gesellschaft der Staudenfreunde e.V.
Fachgruppe Päonien**
Dr. Carsten Burkhardt
Heilstättenweg 2 b
03099 Kolkwitz
Tel.: 0355/28560
www.paeon.de
www.paeonia.de

American Peony Society
250 Interlachen Road
Hopkins, MN 55343
(Bei der APS werden Staudenpäonien- und Strauchpäoniensorten registriert. Die Gesellschaft ist ein Nomenklatur-Komitee, dem berühmte Päonienzüchter angehören wie Roy G. Klehm und Don Hollingsworth)

Botanischer Garten Christiansberg
Inhaber Walter Kaprun und
Manfred Gensberg
17375 Luckow
(30 km von Stettin entfernt, 250 Stauden- und Strauchpäoniensorten)

Arboretum Ellerhoop-Thiensen
Vorsitzender des Förderkreises
Prof. Dipl.-Ing.Hans-Dieter Warda
Thiessen 17
25373 Ellerhoop
Tel.: 04120/218
(Baumpark, 20 km nördlich von Hamburg, umfangreichste Strauchpäoniensammlung in Deutschland)

Botanischer Garten München
Menzinger Straße 65
80638 München
Tel.: 089/1 78 61–310 und 350
(Sammlung botanischer Stauden- und Strauchpäonienarten und -sorten)

Staudensichtungsgarten der Fachhochschule für Gartenbau, Weihenstephan
Am Staudensichtungsgarten 7
85354 Freising/Weihenstephan
Tel.: 08161/710

Päoniengarten der Hochschule Wädenswil, Grüental
Postfach 335
CH-8820 Wädenswil – Schweiz
Tel.: ++41/17899900
www.hswzth.ch
(250 Päoniensorten sowie Itoh-Hybriden)

Literatur

- American Peony Society: Handbook of the Peony. Seventh Edition. Hopkins, 1995
- Fearnley-Whittingstall, Jane: Päonien. Die kaiserliche Blume. Ellert & Richter, Hamburg, 2000
- Needham, J./Gwei-Djen, Lu/ Hsing-Tsung, Huang: Päonien – ein Kapitel aus »Science and Civilisation in China«. In: Schweizer Staudengärten 14/15, 1991, S. 40–51
- Osti, Gian Lupo: Im Reich der Strauchpäonien. In: Schweizer Staudengärten 15/16, 1991, S. 16–24
- Rieck, Irmtraud/Hertle, Friedrich: Strauchpfingstrosen. Ulmer, Stuttgart, 2002.
- Rivière, Jean-Luc: Pivoines. Marabout. Côte Jardin, 2000
- Rivière, Michel: Prachtvolle Päonien. Ulmer, Stuttgart, 1995
- Sieber, Josef: Die Sichtung der Stauden. Eigenverlag, Freising, Grünberg, Bonn, 1990
- Steffen, Alexander: Staudenpäonien. In: Gartenschönheit 3/1922, Aachen, S. 97 ff.

Stichwortverzeichnis

Danksagung

Für weiterführende Informationen zur Geschichte der Päonienzucht in Deutschland danke ich Klaus Bachmann, Eberhard Fluche, Andreas Hilleberg, Rosa Klose, Dr. Konrad Näser und Herrn K. H. Weigel. Erna Woisetschläger danke ich dafür, dass sie uns erlaubt hat, in ihrer Sammlung von Päonienhybriden Aufnahmen zu machen. Schließlich gilt mein besonderer Dank Dr. Lydia Schierning und Iris Daschner für die kritisch konstruktive Durchsicht des Manuskripts.

Bildnachweis:
Bachmann: 30
Bäuerlein: 69u
Borstell: 40, 5, 12u, 14, 15, 54, 64u, 67u, 78, 86, 87, 88, 90
Ebert: 56
Fa. Hoch, Berlin: 69o
Fa. Klose, Lohfelden: 210, 44
Köstler: 91
W. Tornieporth: 7, 29, 41u, 42u, 52u, 53o, 55, 62, 65, 76ol, 76ul, 76ur, 79, 81u, 83
Wittmann: 1, 2/3, 4u, 6, 80, 100, 10u, 13, 16, 17, 19, 20, 21u, 22, 23u, 23o, 24, 26, 27o, 27u, 28u, 28o, 31u, 31o, 32, 33o, 33u, 34u, 35o, 35u, 36ol, 36or,

36u, 37o, 37u, 38o, 38u, 39, 40o, 40u, 41o, 42o, 43o, 43u, 45, 46o, 46u, 47o, 47u, 48l, 48r, 49o, 49u, 50o, 50u, 51o, 51u, 52o, 53u, 57, 58, 59, 60u, 60o, 61u, 61o, 63, 64o, 66, 67o, 68, 70, 71, 72, 73, 74, 75, 76or, 77, 81o, 82, 84, 85, 89o, 89u

Das Bild S. 8u haben wir mit freundlicher Genehmigung dem Buch von Basilius Besler: Der Garten von Eichstätt. Das grosse Herbarium des Basilius Besler von 1613, Schirmer/Mosel-Verlag, München, 1997, entnommen.

Das Bild auf S. 18 entstammt dem Katalog der Firma Goos & Koenemann von 1930/31.

Grafiken: Iris Daschner

Bibliografische Information Der Deutschen Bibliothek
Die Deutsche Bibliothek verzeichnet diese Publikation in der Deutschen Nationalbiografie; detaillierte bibliografische Daten sind im Internet über http://dnb.ddb.de abrufbar.

BLV Verlagsgesellschaft mbH
München Wien Zürich
80797 München

Umschlaggestaltung: Studio Schübel, München

Umschlagfotos: Borstell (Vorderseite oben), Wittmann (Vorderseite unten), Borstell (Rückseite)

Layoutkonzept Innenteil: Studio Schübel, München

Lektorat: Dr. Thomas Hagen
Herstellung: Hermann Maxant

Layout und DTP: Anton Walter und DTP-Design Walter, Gundelfingen
Reproduktionen: Repro Ludwig, A-Zell am See

Gedruckt auf chlorfrei gebleichtem Papier

Printed in Germany · ISBN 3-405-16360-9